# 株は1年に2回だけ売買する人がいちばん儲かる

チャート分析の
第一人者が生み出した
究極の
投資法

伊藤 智洋

日本実業出版社

株式投資で
迷いなく着実に
勝ちたい人へ

本書の効能

# 株式投資の考え方・やり方が変わり、効率よく勝てるようになります！

株式投資をするにあたって、**図表の○をつけたポイントで買い、その年に「もうこれ以上、上へいかない」という地点で手仕舞いする方法**を知りたいと思いませんか？

本書のノウハウを身に付ければ、たとえば2012年11月以降の上昇相場では、2012年11月の時点で買い、2013年4月、5月に手仕舞いするような取引ができるようになります。また、2014年は、5月に価格が下げなかったことをみて、5月下旬に押し目買いを考えることができるようになります。2014年の10月に価格が急落した場面でも、押し目をつけた後、価格が上昇を再開すると事前に考えておくことができたはずです（これらが後付講釈ではないことは、筆者のサイト『Power Trend』や『株探（かぶたん）』の過去の記事を読み返していただければ、すぐにわかります）。

「1年で2回」というと少なく感じるかもしれませんが、**少額の資金しか持たない個人投資家は、細かい取引を何度もせず、大きな流れに乗るしか勝つ方法はありません。**

本書を読んでいただければ、株式投資で着実に儲けることができるようになります。

2012年9月～2014年12月の日経平均の推移と売買のポイント

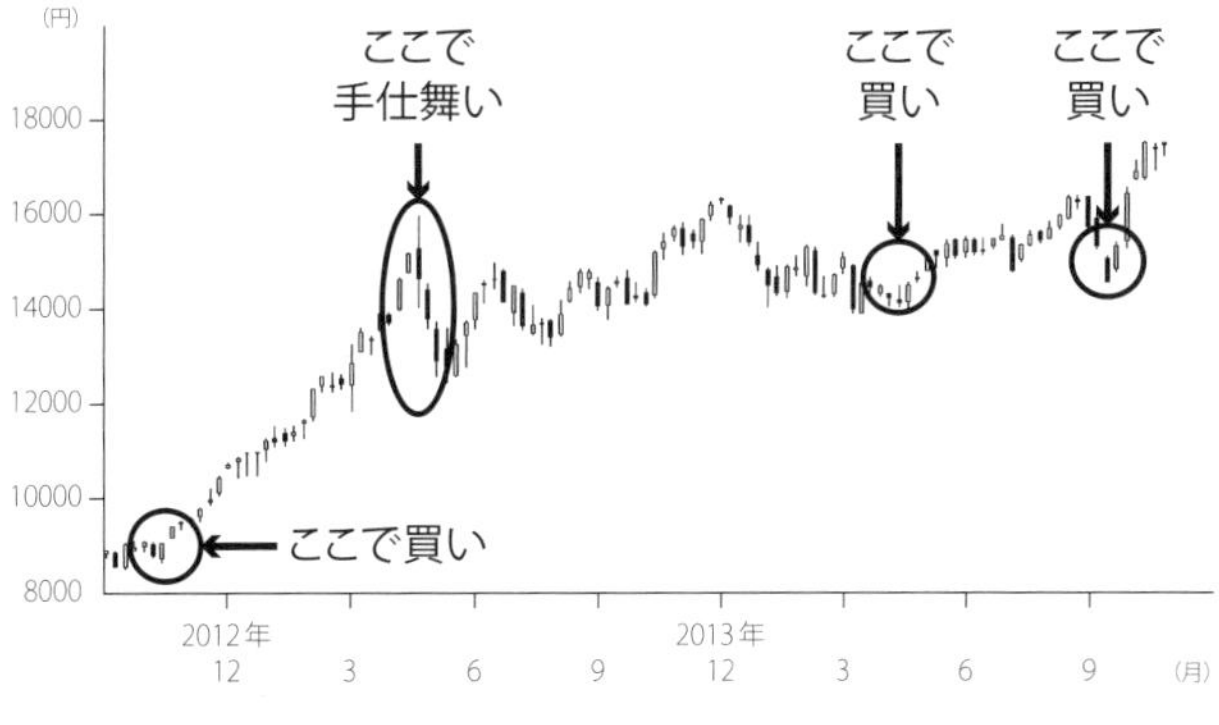

# はじめに

この本は、これから株式投資を始めようとしている人や株式投資をしていてもなかなか勝てない人のために、現実を知って、勝てるようになってもらうために書きました。

株式市場での現実とは、われわれのような少額の資金しか持たない投資家が圧倒的な弱者であり、その事実を受け入れて、勝つ戦略を練らなければいけないということです。極端にいえば、「相手の弱点しか責めない」という正攻法ではない手を使うしかないのです。

たとえば、格闘技の達人に何のトレーニングもしていない人がケンカを挑んでも、勝てるわけがありません。目の前に明らかに自分よりも強い相手がいるときに、ただ勝ちたいというだけで、がむしゃらにケンカを挑んでいく人はいません。

目にみえる世界では、こういう常識は普通に通用します。

しかし、投資の世界となると、そうはならないのが不思議なところです。相手の大きさや強さもわからずに、少額資金しか持たない弱小の個人投資家が次々と勝負を挑み、負けているのが現実です。

10人でバトルをして、1人だけが賞金を手にすることができるとします。そのなかの1人が圧倒的に強く、他の9人との力の差は歴然だとします。

そのような状況のなかで、圧倒的に強い1人を無視して、9人で戦い合い、勝った、負けたといっている状況が、個人投資家のなかでの勝ち組、負け組の違いにすぎません。したがって、勝ち組だと思っていた最後に残った1人も、圧倒的に強い1人には簡単にやられてしまいます。

残された2人だけの勝負で、相手には1億円の資金があり、自分には100万円の資金がある状況を考えてみてください。少額資金しか持たない個人投資家は、その限られた投資資金がなくなってしまえば終わりなのです。圧倒的に不利な状況で戦っているのです。

株式市場というのはそういうところです。そんな相手と戦わなければならないのに、漫然と、材料がどうだとか、需給がどうだとか、チャートのパターンがどうだとか考えてみたところで、自分が有利な立場に立てるわけがありません。いまのようなネット時代では、そんなことは誰もが知っている情報に過ぎません。

では、個人投資家はどうやって株式投資をすれば、そうした状況のなかでも勝ち残ることができるのでしょうか。

投資の仕方は、2通りあります。

価格の細かい振れを利益にするやり方と、大きな流れの大部分を利益にするやり方です。

細かい振れを利益にする場合、損切りの幅との利食いの幅をしっかりと決めておき、その額の利益と損を繰り返すというやり方をします。

このやり方では、投資金額を何倍にも増やすということにはなりません。もともとの前提として、投資金額に対して0〜50%程度の割合の利益を得られるような方法を考えて、取引を行なうからです。ただし、利益が蓄積してくれれば、投資金額を増やすことができるため、その分、利益の割合が変わらなくても、収益の幅が大きくなってくる可能性があります。

しかし、価格の細かい振れのような、目先の動きは、ほとんどがわからないものです。毎日、毎日、貴重な時間を割いて、少額の利益を得るような投資をするくらいなら、もっと有効な時間の使い方はいくらでもあります。

投資に使う時間は、人生のなかの無駄でしかありません。何の自慢にもならず、自分の過去をつくることすらできない、個として存在していないも同然の時間です。そんな時間を長く過ごすにもかかわらず、利益が少額では割に合いません。

ですから、少額の資金しか持っていない個人投資家であればあるほど、「一定期間だけ、投資資金が何倍にもなる可能性のある投資」をすべきです。

少額の資金からスタートして、一瞬でも、遊んで暮らせるだけの利益を得られたといった人は、たいていの場合、ほとんど相場をみていないで、ほっておいたらとんでもない金額になっていたという経緯をたどっています。

実は偶然に頼らずにそのような結果を得られる方法はあるのです。

株式相場で、積極的な取引が行なわれ、参加者の誰もが同調して上げ相場をつくる場面が、年に2回あるのです。その場面では、参加者による〝意図的な売買〟が行なわれていますから、チャートがつくりだす形にも意味が生まれ、われわれが行なうチャート分析の確度も非常に高まります。

その場面こそ、大口投資家の弱みであり、弱小の投資家が付け入ることのできる隙です。弱小の個人投資家がいちばんかんたんに株式投資で利益を上げることができるときなのです。1年のなかのその場面だけで数回の取引を行ない、少額の投資資金を何倍もの金額にするやり方こそ、最も効率的な株式投資です。

仕事を持っている普通の人は、普通の生活を営みながら、生活が少し豊かになるような利益を得られるための投資をすべきです。

本書では、株式相場の現実をきちんと理解したうえで、それを受け入れ、ほんの少しの工夫をするだけで勝てるようになる方法を伝授します。

2015年1月

伊藤智洋

株は1年に2回だけ売買する人がいちばん儲かる／目次

Chapter 2

## 第2章 相場の値動きは毎年似たようなものになっている

Chapter 3
第3章

# 値動きのシナリオがあれば迷いなく投資できる

Chapter 4
# 第4章 上昇に入るときはタイミングとチャートの形でわかる

一般的な底入れのパターンも2つのサインの組み合わせによってできている

Chapter 5

# 第5章

# 「積極的な上昇局面」での動き方の特徴

Chapter 6
第6章

# シナリオ売買で儲けるための仕掛けから手仕舞いまでのまとめ




装丁・DTP／村上顕一

Chapter 1

# 第1章

# 日々の値動きを追いかけていても株式投資で勝つことはできない

Section

# 1-1 個人投資家は市場に翻弄されている

## 個人投資家の手口は裏目ばかり…

2014年9月中旬から11月上旬の日経平均株価は、激しい値動きとなりました。9月以降、景気の下振れが鮮明となり、9月25日に1万6374円で戻り高値をつけた後の価格は、10月17日に安値1万4529円をつけるまで、16営業日で1845円も下げています。17日に押し目をつけた後、10月31日に日銀による追加緩和の決定、年金積立金管理運用独立行政法人（GPIF）が運用比率を変更するなどの発表があり、株価が急騰し、11月14日までの20営業日で、一気に3000円近い上げ場面となりました。

**図表1－1**は、9月から11月にかけての日経平均株価週足です。

## 図表1-1 ◎ 2014年9月〜11月の日経平均週足

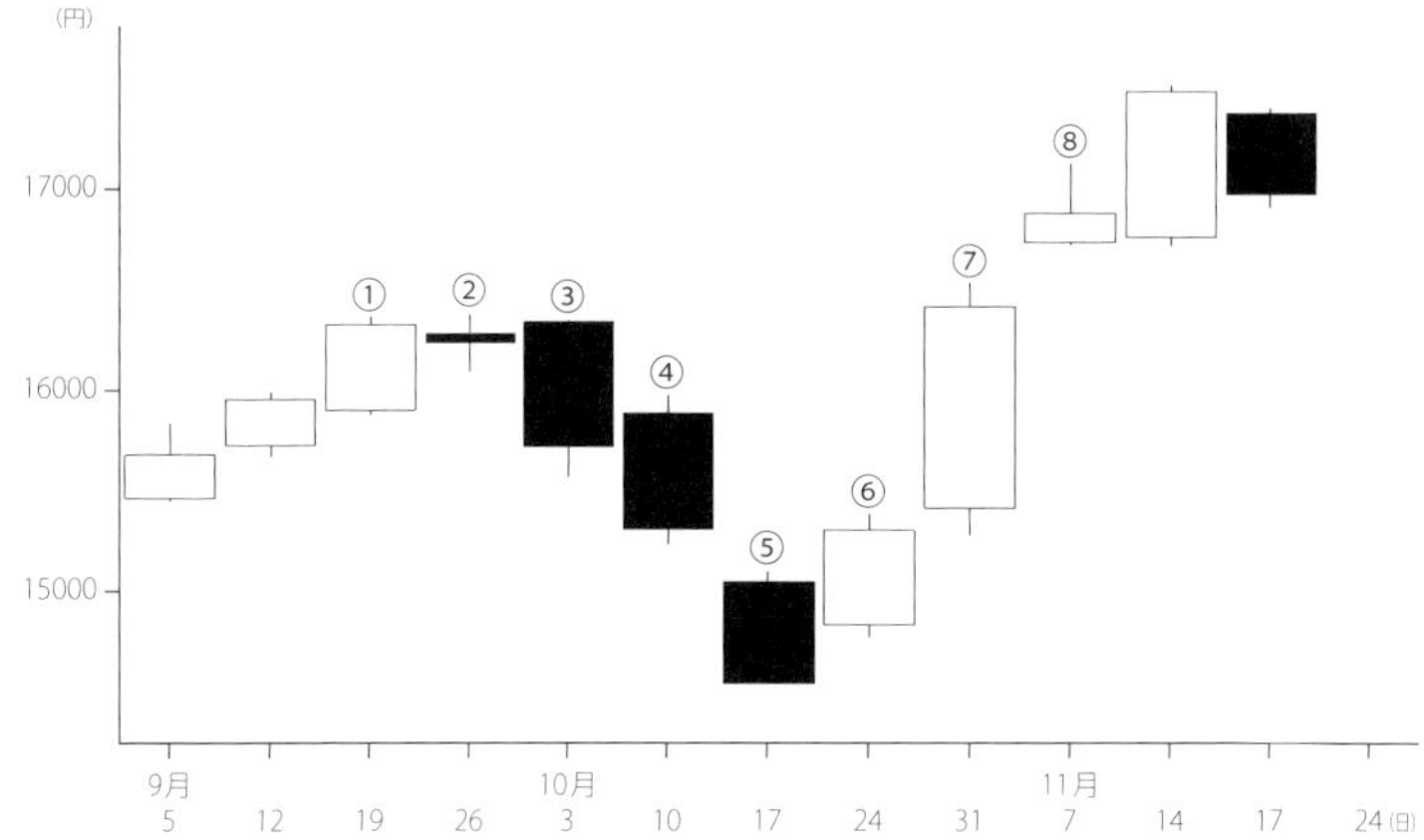


## 図表1-2 ◎ 上のチャートの期間の株式売買状況

投資部門別　株式売買状況　東証第一部　[株数]　全50社　(1000株)

| | | ①09/16〜09/19 | | ②09/22〜09/26 | | ③09/29〜10/03 | | ④10/06〜10/10 | |
|---|---|---|---|---|---|---|---|---|---|
| | | 株数 | 差引き | 株数 | 差引き | 株数 | 差引き | 株数 | 差引き |
| 法　人 | 売り | 644,457 | -107,602 | 568,809 | -110,273 | 606,459 | -1,694 | 568,464 | |
| | 買い | 536,855 | | 458,536 | | 604,765 | | 668,393 | 99,929 |
| 個　人 | 売り | 2,403,566 | -113,769 | 2,473,733 | | 2,681,374 | | 2,609,535 | |
| | 買い | 2,289,797 | | 2,518,665 | 44,932 | 3,173,800 | 492,426 | 2,993,875 | 384,340 |
| 海外投資家 | 売り | 4,763,763 | | 4,588,861 | | 6,752,418 | -318,269 | 6,946,389 | -406,561 |
| | 買い | 4,827,333 | 63,570 | 4,615,293 | 26,432 | 6,434,149 | | 6,539,828 | |
| 証券会社 | 売り | 139,385 | | 142,829 | | 167,110 | | 186,930 | |
| | 買い | 141,095 | 1,710 | 151,629 | 8,800 | 192,886 | 25,776 | 219,281 | 32,351 |

| | | ⑤10/14〜10/17 | | ⑥10/20〜10/24 | | ⑦10/27〜10/31 | | ⑧11/04〜11/07 | |
|---|---|---|---|---|---|---|---|---|---|
| | | 株数 | 差引き | 株数 | 差引き | 株数 | 差引き | 株数 | 差引き |
| 法　人 | 売り | 554,090 | | 574,566 | | 938,045 | | 1,126,422 | -287,890 |
| | 買い | 851,797 | 297,707 | 758,948 | 184,382 | 1,178,323 | 240,278 | 838,532 | |
| 個　人 | 売り | 2,146,198 | | 2,444,779 | -6,497 | 3,427,787 | -782,051 | 4,216,066 | -905,924 |
| | 買い | 2,623,471 | 477,273 | 2,438,282 | | 2,645,736 | | 3,310,142 | |
| 海外投資家 | 売り | 6,857,707 | -455,967 | 6,491,372 | -27,329 | 7,206,268 | | 7,844,687 | |
| | 買い | 6,401,740 | | 6,464,043 | | 7,652,302 | 446,034 | 8,679,731 | 835,044 |
| 証券会社 | 売り | 128,577 | | 165,316 | -939 | 208,613 | -38,579 | 260,629 | -48,414 |
| | 買い | 161,300 | 32,723 | 164,377 | | 170,034 | | 212,215 | |

**図表Ⅰ—2**は、東証のホームページに掲載されている株式売買状況です。

9月16日〜19日までを①として、週ごとに順番に①〜⑧としています。

これをみると、戻り高値をつける②の週までは、海外投資家が買い越していて、その後の下げ過程で売り越しに転じています。

日経平均が押し目をつけた後の⑥の10月20日からの週は、売り越し数を極端に減らし、翌週から買い越しに転じています。

法人は、上げ、下げの値動きにかかわらず、買い越しを継続しています。

一方、**個人の動向を見ると、価格の下げ過程で買い越しを続け、まさに基調転換した翌週から売り越しに転じています**。

これをみるだけで、**個人投資家がどれだけ市場に翻弄されているのかが明確**です。

## 大口の投資家には情報が漏れている？

10月31日は、ロイターのホームページに興味を引く記事が掲載されていました。

「日銀が予想外の追加緩和を実施＝市場関係者の声」というタイトルで、31日の日銀とGPIFの発表について、さまざまな市場関係者からの話を記事にしています。

このなかで、外資系証券のチーフエコノミストが、以下のようなコメントを出していました。

「GPIFの国債運用の減額を日銀が引き受け、次の増税を支援するという合わせ技だ。これで日本は総力戦に入った。これはやや漏れ聞こえていた部分もあり、計画されていたシナリオだとみている。それにしても、自分が予想していた以上のメニューが並び、サプライズだ。これで、政府・日銀のハネムーンが継続して、アベノミクスをさらに推進させようという意図が海外にも伝わったことと思う」

この話のとおりなら、日銀とGPIFの10月31日の発表は、一部に漏れていたと解釈できます。

**図表1－1**で、海外投資家が相場の上げ下げに対してきれいに売り買いを仕掛けることができているのは、偶然でもなければ、取引の仕方がうまかったわけでも、相場見通しがよかったわけでもないのではないかと疑いたくなります。

それにしても、日本の個人投資家がこのような無様な結果になっているのは、日本の証券会社の情報力のなさなのか、少額の個人を捨てているのかどちらかなのでしょうか。

## 株式市場の厳しさを冷徹に受け止めるべき

実は筆者は10月16日とその前後に、「9月26日からの下げが8月8日の安値1万4753円まで下げずに押し目をつけるが、9月26日の高値1万6374円を超えるのは12月になってから」という予想を書いていました（本書巻末の「付録」を参照）。

10月16日にいったん1万4753円を割れた時点でも、その下げが一時的な動きで終わり、12月に戻り高値を超える展開を想定していました。「12月に上昇」と想定していた理由は、日銀の追加緩和があるとしても、消費税を引き上げるか否かの決断をした後だと推測していたからです。

10月17日以降は「押し目を確認する過程での動き」という判断だったため、日経平均先物を積極的に売りで仕掛けるという考えこそありませんでしたが、10月31日の動きについては完全にノーマークでした。

重要な情報が事前に流れているのではないかという話は、陰謀論とかそういうものではありません。「値動きの幅で利益を得ようとしている人たちが市場で勝負している」のですからあたりまえのことなのです。

われわれは、このような世界に飛び込んでいくのだという認識を持って、株式投資を行なうべきなのです。

Section
# 1-2 儲からない人は「相場が楽しみ」になっている

## 「もう少し頑張れば」と期待している人は多いが…

「相場はわからないから面白い」などとおかしなことをいう方がたまにいますが、「わからないものにお金を投じる」というのは不思議だと思います。長く投資をしているのに利益を得られていない人は、自分では気がつかないうちに「投資が楽しみになっている」可能性があります。

株や為替の売買で利益を得ることがむずかしい理由は、実は「儲かっているときが面白くない」からなのです。

買っている銘柄に利益が出ているときは、利益を確定したいという欲求をひたすら我慢するだけです。一方、買った後、損が出ていれば、我慢せずに手仕舞いして、すぐに〝次の楽しみ〟に向かうことができます。何を買うかを考えて注文を出す瞬間、手仕舞いして利益や損を出す瞬間など、決断を迫られている場面こそが、投資家にとって最も刺激的な瞬間なのです。ですから、長く投資をしていると、脳がその刺激を積極的に求めるようになります。

長く投資をしている人というのは、大損をせずに退場していないのですから、それなりに投資に慣れているのでしょうが、そのなかには、5回の投資で1回大きく利益を得て、その他4回の損でその利益を吐き出しているような取引をしている人がたくさんいます。こうした取引を続けていると、結果として利益にはなりませんが、「もう少し工夫すれば勝てる」という期待で、楽しみながら相場に振り回されることになります。だから本人にしてみれば、それなりに満足なのかもしれません。

しかしいずれ、何度やってみても、**長い期間では勝率、損得の幅、収益の額は変わらず、自分の性格が理由で儲からない**ことに気づくことでしょう。本気で利益を追求し始めると、自分自身の弱さ（我慢のなさ、最初の考えを貫くことができない優柔不断さ、儲かった後の油断、何度も同じ過ちを繰り返す愚かな自分）との戦いになります。それほどつらいものはありません。

## 自分で仕掛けなければ勝てない

売買を入れてポジションをとることを、相場では「仕掛ける」といいます。仕掛けるとは本来、「相手に対して、こちらから働きかける。相手が乗ってくるように扱う。仕向ける」ということです。

しかし、「先のことがわからないから面白い」などという人や、投資が楽しみになっている人は、自分が仕掛けているのではなく、誰かの仕掛けに乗っているだけの取引をしているに過ぎません。自分が仕掛けるには、相手を乗せる、相手が乗らざる得ない状況をつくるしかありませんが、少額の資金しか持たないわれわれには、そのようなことはできません。したがって、勝つためには、相手がそういう状況であることを理解したうえで、自分が上手に乗らなければなりません。そしてそのための、事前の準備、戦術が必要なのです。

少額の資金しか持たない投資家であるわれわれは、相手の仕掛けに乗ってしか利益を得られない存在です。状況を把握して、その動きがあらわれている意図を探り、その先を事前に読みきらなければなりません。

そのときに必要な情報は、現在が下げ過ぎている、上げ過ぎている、業績がよくなったから買われそうだなどというあいまいなものではダメです。株式投資で勝つために必要な、現状を正確に把握するための情報とは、**「多くの市場参加者が同じ認識のなかで必ず同じ方向へ動く場所、そうせざる得ない場所がどこかを知ること」です。そのような場所を知る方法について、本書では詳しく紹介します。**

その場所まで、時間も、値位置もまだ先にあるなら、自分が仕掛ける、相手をはめることのできない少額資金の投資家は、価格変化の過程で数多く存在する仕掛けに気付くことはできません。何もみえていない状況だと考えて下さい。一般的にいわれているセオリーを少し知っているだけで値動きをわかった気になっているようでは、相手の仕掛けにまんまと乗せられるだけなのです。

Section

# 1-3 デイトレは弱小投資家向きの投資手法ではない

## 短期というのは1営業日内の取引が基本

投資をして利益を得るためには、2通りのやり方があると「はじめに」で述べました。ひとつは短い期間で頻繁に売買を繰り返す方法で、もうひとつは長い期間持っている方法です。

短い期間で売買を繰り返す利点は、時間が経過して価格が変動することによって被るリスクを最小限に抑えられることです。その半面、利益として狙うことができる価格の変動幅は小さくなります。そのため、通常は一度の投資額を大きくすることで、小さな振れ幅でも満足できる利益を得るようにします。

こうした短期間の売買は、「価格変動のリスクを最小限に抑えられるから、一度の投資額を増やせる」ということが利点なのですから、価格変動のリスクを最小限に抑えられないような方法では、短期で売買する意味がなくなります。その点からすると、翌日にポジションを持ち越す方法（オーバーナイト）は、とるべきではありません。

今日と明日の値動きのあいだには、（取引対象によって異なりますが）取引できない時間帯があります。それがたとえ1分であろうとも、価格変動を管理できないリスクになってしまいます。

したがって、短期で利益を得ようという投資は、1営業日の取引時間内に最大限の利益を得る方法＝デイトレードが基本となります。

## 200円以上の含み益があれば持ち越してもよいが…

例外的に1営業日以上の取引をしてもよいケースは、その日に動いた値幅が大きく、（取引できない時間帯を経過して）翌営業日の寄り付き値で値洗いしても利益になっている可能性が高い、つまり利益分を超えるほどの反対方向の動きにならないだろうと予測できる状況のときだけです。

たとえば、1993年1月から2014年11月14日までの期間で日経平均の動きをみてみると（バブル崩壊前と崩壊後の荒い値動きとなっている年を除いた期間）、前日の終値から翌営業日の始値までの値幅（前日比プラス、マイナスにかかわらず、値幅だけをみています）は、**図表1―3**のようになります。

全体で5376営業日のケースで、値幅の平均は58円、最大値が319円となっています。200円以上の値幅の動きとなっている回数は88回（1・64％）です。

**図表1-3 ● 1993年1月～2014年11月までの日経平均の動き**

| | 全体の平均値 | 変動幅最大<br>変動幅最少 | 平均値以下の日 | 平均値以下の日の平均 | 400円幅以上の日 | 300円幅以上の日 | 200円幅以上の日 | 100円幅以上の日 |
|---|---|---|---|---|---|---|---|---|
| 前日の終値-当日の始値までの値幅 | 58円幅 | 319円<br>0円 | 3237回 | 27円 | 0回 | 3回 | 88回 | 955回 |
| 全体の割合（%） | | | 60 | | 0 | 0.06 | 1.64 | 17.76 |
| 高値から安値を引いた値幅 | 213円幅 | 1738円<br>25円 | 3264回 | 131円 | 441回 | 1046回 | 2330回 | 4451回 |
| 全体の割合（%） | | | 60 | | 8.2 | 19.45 | 43.34 | 82.79 |

＊1993年1月～2014年11月14日までの5376営業日で計算

これらのデータをみると、よほどのことがない限り、「前日の終値から200円以上離れて、翌営業日に寄り付くという展開にはなっていない」ことがわかります。

ちなみに、1993年1月から2014年11月14日までの1営業日中の高値から安値までの値幅の平均値は213円となっています。200円前後という振れ幅は、1日の動きのなかでも意識されているように感じます。

このことからすると、日経平均株価先物をその日の安値圏で買えて、終値が買値から200円近い上げ幅になっている状態（含み益になっている状態）で、自分の予想が強気継続であるならば、翌営業日まで持ち越してもいいと判断してもよい状況ということになります。

## デイトレで勝ち続けるのは至難の業

一方、5376営業日のケースで、1営業日のなかでの高値から安値までの値幅が平均値以下の日は全体の60％です。平均値である213円以下だった日のなかでの高値から安値までの値幅の平均値を出すと131円となります。

つまり、最大で40％程度の取引が翌営業日まで持ち越し可能な取引になり、その他の60％は、２１３円に満たない（平均１３１円程度）のなかで、売買を繰り返すことになります。当然、安値から高値までの振れ幅のすべてを利益にできるわけではないので、利益として想定できる幅はさらに小さくなります。

毎日、勝ち続けることができればいいのですが、われわれは最弱の投資家です。どこがその日の安値になるかなど、予想しても、あてずっぽうにしか過ぎません。

日経平均の価格は１日のなかの時間帯によって動きやすさが異なります。１日の動き方のクセをみつければ、上昇するならいつ頃から上がり始めるということを予想することができます。

ただ、その時間帯のなかの特定の地点をその日の最安値になると決めつけても、数分後にその安値を抜けて、すぐに価格が上昇を開始するなどという意地悪な展開はざらにあります。最安値になると思った地点を損切りポイントとして取引をしても、その地点を割れて、損切りを付けられてから上昇するというような展開が繰り返しあらわれるということです。

全体の60％は１００円に満たない値幅しかない状況のなかで、そういう意地悪な相場と格闘して利益を上げようと取引を繰り返さなければならないわけです。

こうして**客観的なデータをみただけでも、短期の取引（デイトレード）は、多額の資金を投資して、ほんの小さな値幅から利益を上げることができる人たちがするべき取引だということがわかります。**

筆者は、少額の資金しか持たない個人投資家のデイトレードは、遊びに過ぎないと考えています。ましてや、デイトレードではない短い期間（2〜3日）の波の振れ利益にしようという、いわゆるスイングトレードをしている人は、短期で取引するということの本来の目的やメリットすらわからずに、損をするために取引をしているような人たちだと思います。

## 「戦う相手は強い」と知ることが大切

価格は材料があらわれると、大きく変化します。たとえば為替相場においては、ＦＲＢが金融緩和を行なってきた２０１４年までの期間で、毎月、米国の雇用統計の発表される日にドル相場が大きく変化してきました。為替取引をしている多くの個人投資家には、これが楽しみなイベントになっているかもしれません。

しかし、雇用統計をきっかけにした動きは、全体の流れのなかの一時的な振れに過ぎません。その振れを見越して利益を得ようという取引を繰り返しても、利益を得続けることがむずかしかったのではないでしょうか。

ＦＸの入門書などをみると、「損切りのポイントを入れることで、損失を最小限にとどめ、投資回数を増やして、勝率が低くても利益を得られるようにする」といったことが書かれています。みなさんも自分でそれらしい場所を損切りのポイントとして戦略を練っているつもりかもしれませんが、それは浅はかな考えです。

市場での優位者は、「どこにどれだけの注文が入っているか」をみることができていると考えておくべきです。また、仮にその注文の量が個人にみられる状況になっているとするなら（ＦＸ会社の情報画面でそういう情報を掲載しているところはあります）、その裏にはフェイクがあるということも考えておくべきです。

われわれ最弱の投資家は、価格が自分のポジションと反対方向へ大幅に動くと、資金不足になったり精神的に耐えられなくなったりして、我慢することができません。しかし、莫大な資金量で市場へ臨んでいる側は、想定と反対方向になる場合でも耐えられますし、一時的に特定の場所での大量の損切りを成立させてから、再度価格を元の値位置に戻すといったことも十分に可能です。

そのようなプレーヤーがいる市場のなかで、短期的な売買で利益を得続けるには、毎日相場を見続けて、一瞬の隙を見つけ、売買を繰り返すしかありません。大変な労力を強いられる作業です。たいていの人はこの神経戦に耐えられません。だからこそ、強者の弱みを知り、そこに付け込む戦術が必要なのです。

Section
# 1-4 「ある程度の期間」の取引で個人投資家は利益を狙うべき

## 少額資金で分散投資をしても意味がない

これまでに述べたような理由で、少額の投資家が利益を得るためには、ある程度長い期間で、振れ幅の大きな動きを狙って利益にするしかありません。

こうした長期投資には、「ポジションを持っているあいだに大きく反転して、損失の幅が大きくなる」というリスクがあります。

そのため、長期投資（2営業日以上での投資が最初から決まっている投資）では、一度に投資資金のすべてを投入してはいけません。想定しているような大きな動きが現れるか否かを動き出した初期段階で判断することがむずかしく、一定の流れができていく過程で、想定していた展開が実現するかどうかがわかってきます。値動きを確認しながら、徐々に投資額を増やしていけばいいのです。

**筆者のお勧めする方法は、投資先を決めて、シナリオを想定し、徐々に投資額を増やしていくというやり方**です。

本書でこれから解説するように、投資先を決めることによって、年間で動く幅、利益を自分のものにできる時期がみえてきます。シナリオに沿った展開になる場合、どの程度の利益が得られるかは最初から想定できます。目標金額があるなら、それに合わせて、投資資金の配分を考えておけばいいのです。シナリオのどおりの展開になれば、目標金額を手にできるだけでなく、予想以上の利益になる場合もあります。

ちなみに、値動きから被るリスクを軽減させるために、さまざまな銘柄に投資して長く持つという考え方（いわゆる分散投資）もありますが、投資可能な資金を分散させてしまっては、一定の流れができたときに途中で仕掛けるゆとりがなくなってしまいます。

想定のとおりの展開になっている場合でも、十分な資金のゆとりがなければ利食いや損切りを考えたくなるものです。いろいろな銘柄へ分散投資をして、1銘柄に対するゆとり資金を少なくすると、利食いどきの判断を間違えることが多いため、お勧めしません。

資金にゆとりがあり、いろいろなやり方ができる状況があるからこそ、利益を追求できるのです。

何銘柄かに投資して、「あれが上がった、これが上がらなかった」などと考えていると、上がらなかったほうをやめて、上がったほうに突っ込みたくなります。やめた途端に手放したほうが上がりだし、上がったほうが下がり出すものです。余計な神経を使うような投資はやめて、「最初に決めた銘柄がシナリオのとおりになれば、目標金額を得られるが、シナリオのとおりにならなければ、若干の勝ちか、初期投資でのマイナス分が出るが仕方ない」という潔い取引のほうがいい結果につながります。

## 1年間の値動きのシナリオを描け

具体的なやり方は、

①1年間のシナリオを描く
②そのシナリオが当たっていれば利益になる
③はずれていればやめる

というだけです。

われわれがやるべき作業は、シナリオを描く、投資する場面の条件を設定する、シナリオがはずれていたと判断する場面を決めるというだけでいいのです。

**いったん仕掛けたら、はずれたと判断する状況がくるまで、放っておくだけ**です。シナリオが当たっていれば、はずれたと判断するような状況にはならず、**目標とする値位置へ到達するか、いずれ、目標値を大きく超える場面があらわれるので、そのときに手仕舞い（利食い）すればいい**だけです。

ここで注意すべきことは、最初に描いたシナリオは、そのときに得ている知識のすべてを集約して作成したものだということです。個人の能力と知識、情報の最大限を使い、シナリオを描いているわけですから、それ以上のアイデアがあるはずがありません。われわれが勝てるとするなら、目で見ることのできない世界を頭のなかで思い描き、それが現実に近いものであったときです。

途中で考えが変わるのであれば、いったん投資をやめて、次の機会まで待つしかありません。

最初の仕掛けは当然、以下の章で解説するように、需給の転換の流れ、市場参加者の資金の流れに沿った場面になっているはずですから、途中で考えが変わるということは、その資金の流れを無視して判断した（シナリオを描く際の条件が間違っていた）か、明らかにシナリオが間違っている値動きになっているかのどちらかだからです。

一方で、シナリオが間違っていると判断できる状況にもなっていないのに、シナリオがはずれだと途中で判断するのは禁物です。

なぜなら、最初に描いたシナリオ以上にいいアイデアが途中で浮かぶわけがないからです。大体、投資を始めてから迷うケースというのは、「小さな利益が気になって、最初に描いた大勢の動きを判断した理由を忘れてしまっている」ということが大半です。

だから筆者は、いったん仕掛けたら、あまり値動きを気にしないほうがいいと考えています。そして、通常は最初のシナリオが正しいという結果になります。

最初のシナリオをうまく描くことができない、予想をよくはずすという人は、「値動きの本質」を無視して展開を考えているのです。そういう人にこそ、本書は役立ちます。本書を理解して、再度、シナリオを描き直してみてください。

# 長期、中期、短期の定義について

一般的な相場論での長期とは、6ヵ月以上、数年間を含めた期間を指していますが、**筆者が長期という場合、「3か月以上、最大で1年間」の値動きを指しています。**

中期は、一般的に1ヵ月から3ヵ月程度の期間をいいますが、**筆者が中期という場合、「季節的な特徴によってあらわれる動き」を指しています。**書き方としては、「長期の上昇局面の途中の下げやすい季節性のある時期に、中期的な値幅と日柄の大きな調整が入っている」というようになります。

短期は、一般的に1日〜2週間程度の期間を指しています。**筆者が短期という場合、「短期的に利益を得たいと考えている市場参加者が積極的になっている状態を継続している期間」を指しています。**したがって、短期の市場参加者が積極的になっている状況が1ヵ月、2ヵ月継続しているなら、その期間全体を「短期の上昇」と書きます。

利益を得るためにシナリオを描きたいのであって、予想をしたいわけではありません。

シナリオを描きたいのは、次に需給が変化する時期までの方向であって、その先を考える必要があまりありません。

したがって、中期は、長期の上昇、下降の途中でどの程度の値幅の調整が入るのか、いつ頃まで入るのかがわかればいいだけです。また、短期は、利益を得られる状態が継続しているか否かがわかればいいだけです。短期の期間は、多くの市場参加者が不安を背負いながら、目先の利益に熱狂している状態を継続しているか否かを判断すればいいわけです。

特定の期間を区切って、ここまでが短期の動きだから、ここでいったん取引をやめようなどと考える必要はありません。

Chapter 2

# 第2章

# 相場の値動きは毎年似たようなものになっている

Section

# 2-1 株価は動かなければならない理由があるから動いている

## なぜ株価は動くのか?

投資戦術というと、どこで買って、利益（あるいは損失）が出たらどこで手仕舞うのかという売買のやり方のことを考えている方が多いと思います。しかし、売買のやり方や、損切りのポイントをみつけることを投資戦術だと思っている人は、考え方の基本が間違っています。

それは自分のなかでのやり方であって、相手が動かざる得ない状況を知ったうえで、自分の行為を考えるという「仕掛ける戦術」ではありません。

まず、株式市場、為替市場、商品先物市場で「なぜ価格が動いているのか」を理解する必要があります。

株式市場、為替市場、商品先物市場で価格が動く理由は、「何かの理由があって資金が移動しているから」です。

世界のデリバティブ市場は総額で数京円もの額が運用されているといわれています。途方もない資金があっちに行ったりこっちに行ったりしますが、その資金は、「動かさざるを得ない事情」があって移動しているのです。

たとえば、2013年、2012年と5月、6月頃にギリシャ問題が連日のように取り上げられ、それに合わせて株価が下落しました。ギリシャの財政が改善されていないことは、年初からすでにわかっていたにもかかわらず、5月、6月に話題に上って株価が下がったのは、6月がギリシャの年度末だからです。2013年は5月に選挙があったことも影響しています。もうひとつ例を出すと、8月は円高になりやすい時期といわれています。これは、米国の連邦政府の年度末が9月であることが影響しているといわれています。

大きな資金というのは、こうしたことから影響を受けないわけにはいかないのです。彼らは先にある事象を踏まえて、一定期間、特定の利益を見越して運用しています。一定期間で特定の利益を現実のものにしなければいけないわけです。そこには、必ず初めと終わりがあり、それに合わせてお金を動かすのです。

そして、そのお金を動かさざるを得ない区切りこそが、彼らの弱みです。

一方、少額の資金を運用しているわれわれ弱小投資家は、大口の投資家を動かすだけの力を持っていませんが、彼らの弱みにつけ込むことができます。われわれには区切りなどありません。自由に市場へ入り、出て行くことができます。その違いを理解して、取引することこそ大切なのです。

## 投機資金は「動き」を欲している

投資市場での需給とは、単純に資金が増えるか減るかということに過ぎません。

まず、株式市場全体に入る資金の量が増えれば、特定の銘柄だけでなく、幅広く買われやすく、全体的に株価が上昇します。一方、全体の資金量が少なければ、特定の銘柄に投資資金が集中しやすく、注目されている一部の銘柄だけが動きやすくなります。

次に、株式投資に向かう資金には、簡単に分ければ性質の異なる2種類があります。数年先まで見越して、安定して高い配当を得られることをあてにした投資資金と、値動きで利益を得ることを目的とした投資資金です。

前者の資金は、投資先の企業が倒産しなければいい、できれば想定したとおりに収益を得て、配当を増やしてくれればいいと考えているだけなので、価格を大きく動かし続ける要因にはなりません。

一方、後者の資金は、値動きに乗じた投資です。こちらの資金が市場に増えると、価格が振れ幅の大きな動きになります（第4章で触れるように、この動きは主に上昇です）。

値動きで利益を得ることを目的とした資金は、「いずれ利益を得られればいい」というわけではありません。

顧客とは、1年間のあいだに想定した収益を得ることを前提として契約をしているはずですから、当然、1年間で十分な利益を得られるような動きが市場になければ、その市場に投資資金を振り分けるという選択はしません。

ですから、株の個別銘柄ではほとんど動かない銘柄があるのは普通ですが、**日経平均先物のように、値動きで利益を得ることを目的としている資金が入る先物市場や為替市場などでは、1年間に一定の値幅の動きが必ず必要になります。**

その年が大局的にみて保ち合いの動きであっても、狭いレンジで横ばいに推移したまま1年間が終わってしまうことなく、一定の値幅の上昇、下降を繰り返すわけです。

## 「くるかもしれない」ではなく「くるはずだ」と考える

**図表2―1**は、1992年から2013年までの日経平均先物の年間の4本値と、年間に動いた変動幅（高値から安値までの値幅）を示しています。

変動幅が平均以下の値動きになっている年でもだいたい3000円幅程度の値動きがあることがわかります。その時々の値位置の高低も影響していますが、8000円以上であれば、3000円幅の動きがあらわれていますし、1万5000円以上の値位置になると、だいたい5000円幅以上の動きとなっています。

なお、2010～2012年は株価があまり動いていません。この期間は、リーマンショック後の反動高が一段落した後、政府が積極的な株価対策もせず、株価が下がらないような操作（PKO）をしていた可能性がある年です。特殊な政策をとる政権のなかで、特別な状態だったとみています。

さきほども触れたように、価格は「動かなければいけない理由がある」から動いています。その理由こそが、強者の弱点なのです。

そのような考え方をすれば値動きの見方は、

「1万7000円前後、1万3000円前後のどちらかの値位置にくるかもしれない」

ではなく、

「1万7000円前後、1万3000円前後のどちらかの値位置にくるはずだ」

という見方になります。だとすれば、あとは、いつ1万7000円を目指す動きがあらわれるのか、あるいはいつ1万3000円を目指す動きがあらわれるのかを考えればいいだけです。

**図表2-1 日経平均の年間の4本値と値幅**

| 年 | 年の始値 | 高値 | 安値 | 終値 | 年間振れ幅平均以上 | 年間振れ幅平均以下 |
|---|---|---|---|---|---|---|
| 1991 | 23827 | 27270 | 21123 | 22983 | 6147 | |
| 1992 | 23030 | 23901 | 14194 | 16924 | 9707 | |
| 1993 | 16980 | 21281 | 15671 | 17417 | 5610 | |
| 1994 | 17421 | 21573 | 17242 | 19723 | 4331 | |
| 1995 | 19724 | 20023 | 14295 | 19868 | 5728 | |
| 1996 | 19945 | 22750 | 18819 | 19361 | | 3931 |
| 1997 | 19364 | 20910 | 14488 | 15258 | 6422 | |
| 1998 | 15268 | 17352 | 12787 | 13842 | 4565 | |
| 1999 | 13779 | 19036 | 13122 | 18934 | 5914 | |
| 2000 | 18937 | 20833 | 13182 | 13785 | 7651 | |
| 2001 | 13898 | 14556 | 9382 | 10542 | 5174 | |
| 2002 | 10631 | 12081 | 8197 | 8578 | | 3884 |
| 2003 | 8669 | 11238 | 7603 | 10676 | | 3635 |
| 2004 | 10787 | 12195 | 10299 | 11488 | | 1896 |
| 2005 | 11458 | 16445 | 10770 | 16111 | 5675 | |
| 2006 | 16294 | 17563 | 14045 | 17225 | | 3518 |
| 2007 | 17322 | 18300 | 14669 | 15307 | | 3631 |
| 2008 | 15155 | 15156 | 6994 | 8859 | 8162 | |
| 2009 | 8991 | 10767 | 7021 | 10546 | | 3746 |
| 2009 | 8991 | 10767 | 7021 | 10546 | | 3746 |
| 2010 | 10609 | 11408 | 8796 | 10228 | | 2612 |
| 2011 | 10352 | 10891 | 8135 | 8455 | | 2756 |
| 2012 | 8549 | 10433 | 8238 | 10395 | | 2195 |
| 2013 | 10604 | 16320 | 10398 | 16291 | 5922 | |

**「くるかもしれない」と「くるはずだ」というのは、書き方はほんの少し違うだけです。しかし、このほんの少しの違いが、株投資で勝てるかどうかの境界線です。**この違いを意識するだけで、投資が積極的なものに変わり、値動きに翻弄されない戦略を立てることができるようになります。

Section

# 2-2 需給は決まった時期にしか変化しない

## 大豆相場にみる季節要因の影響

値動きの大きな流れは、全体の資金の増減によってつくられています。市場へ向かう資金が増える理由には、

**①その市場の特性として投資資金が増える傾向のある時期であること**

**②主たる投資先になりえる十分な材料があること**

という2つがあります。

前者の場合、特定の時期に一時的に増えるだけのものです。

後者の場合、投資するに足る材料が変化しない限り、資金の入りやすい状況が変わりま

せん。

本書を読んでいるみなさんには馴染みがないかもしれませんが、需給に関してわかりやすいので、以下では大豆相場の例を挙げて説明します。

国内で上場されている東京一般大豆先物は、日本への輸出量の多い米国産が上場されているシカゴ大豆の価格に影響を受けています。

米国産地では、だいたい9月中旬から10月中旬頃までに収穫が完了します。

3月にその年の作付け意向面積が発表されます。その年の作付けするであろう面積がわかると、例年の実績からイールド（面積の単位）あたりの収穫量と合わせて、その年の全体の収穫量を推測することができます。

つまり、

- **10月中旬には、その年度の供給量が明確になる**
- **3月には、その年の供給量のおおまかな目安が出る**

というふたつの節目があるわけです。

大豆が必要な業者は、10月までに大豆が収穫されるにともない、農家からの売りが出やすくなることがわかっているので、10月以降に積極的な成約を行ないます。

市場参加者は、収穫期に農家からの積極的な売りの出ることがわかっているのですから、9月を前に価格が大きく下げることになります。

業者は、下げきったと判断できる値位置で買いを入れ始めます。

10月以降は、どうしても買わなければいけない人たちが、その年の需要見込みに合わせて買いに入ります。

以上のように、大豆市場には節目に合わせた季節的な投資資金の増減があるわけです。

さて、10月には大豆の供給量がはっきりすると書きました。そのとき、市場全体に供給不足だという共通の認識がある場合を考えてみてください。

その供給不足という認識は、翌年度の収穫高の目安がわかる3月頃まで解消しません。

そのような状況のなかで、10月から翌年3月までの期間で、価格が下降局面をつくるという展開を予想できるでしょうか。素直に考えればできないでしょう。

しかし、そういう状況を理解していない人は、「いまの上げがいつまで続くだろうか」と考え、相場に振り回されてしまいます。

一方、値動きの背景がわかっている人は、「少なくとも、（意向面積発表前の）2月、3月まではいまの上げが続くに決まっている」と考えます。その結果、たとえばそれまでの価格が暴騰していれば、上値を抑えられるかもしれませんが、少なくとも下げの流れに入るとするならば3月以降であると、腰を落ち着けた投資を行なうことができます。

ちなみに大豆相場の場合、3月以降、5月から8月までは、天候相場期に入り、実際の収穫高が変化する可能性があることから、天候次第で上下へ振れる展開になります。そのため、3月に上昇が終わるとは限りません。

## チャートにもあらわれる値動きの季節性

**図表2―2**は、東京一般大豆先物のなかで、最も出来高の多くなる先限（限月を立てて行なう清算取引で，目的物の受渡し日が最も先の月のもの）の月足チャートです。

２００９年は、前年末に押し目をつけた後の上昇が6月まで続き、その後、上げ分の大部分を10月までに押し戻しされています。

２０１０年は、7月まで横ばいに推移した後、上昇を開始しています。7月以降に価格が下げなかったことで、下値堅さと上げ余地を示し、その上げの流れが翌年まで継続しています。

2011年は、前年からの上昇が4月に止まり、その後、前年からの上げ分のすべてを押し戻しています。10月以降も価格が下げていますが、10月の安値以降に価格がさらに下値を追う展開になっていません。

2012年は、7月まで上昇して、いったん上値を抑えられていますが、7月以降の下げ幅が小さかったことで、下値堅いという判断から、10月以降が堅調に推移して、高値を更新しています。

2013年は、全体が横ばいに推移しています。7月以降の下げ幅が限られたため、10月以降に一段高となって、高値を更新しています。

**図表2-2 ● 大豆先物の月足チャート**

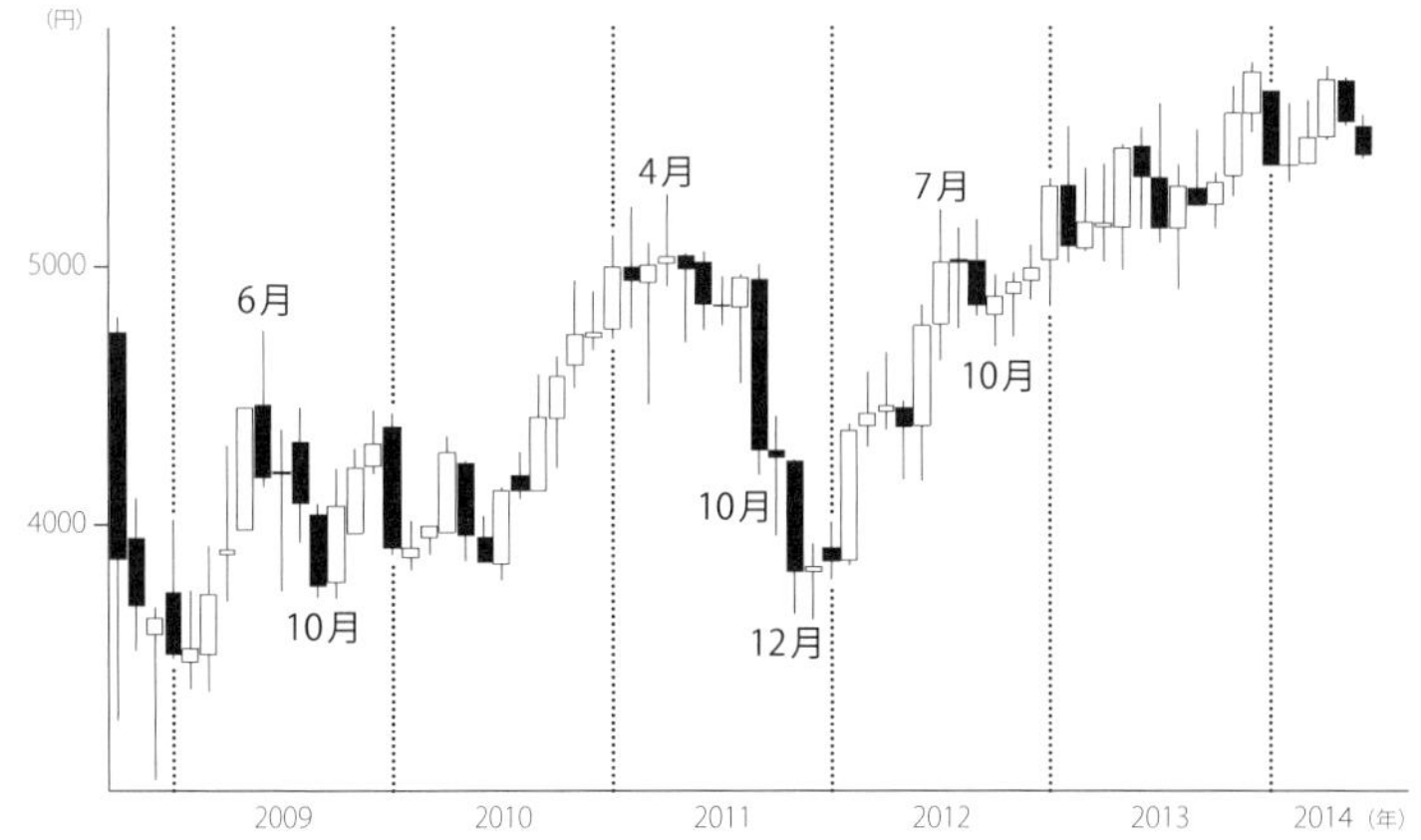

## 季節性による資金循環は「通常の状態」である

商品先物市場の銘柄のほうが、需給面での材料がわかりやすく、資金の出入りを説明しやすいために東京一般大豆先物を取り上げましたが、国内の株式市場でも同じことがいえます。

日本の株式市場は、3月、4月に売買高が増加します。「ことしも取引量が増加するかもしれない」ではなく、資金を移動しなければいけない時期、資金を振り分けなければいけない時期だから、「必ず取引量が増加する」のです。

また、ヘッジファンドの多くは、解約できるタイミングを四半期末に限定しています。投資家は各四半期末の45日前までにヘッジファンドに通告する必要があります。

2月15日（3月末の45日前）、5月15日（6月末の45日前）、8月15日（9月末の45日前）、11月15日（12月末の45日前）がその節目になり、株価が下がりやすくなります。

これらは、「かもしれない」という予想ではないのです。

ビジネスとして市場に参加している人たちには、企業や個人それぞれの事情があります。それぞれが持つ事情によって毎年起こることがはっきりしているので、季節的な資金循環ができています。

こうした1年間の資金循環の性質からあらわれる値動きによって、1年間の価格は、上昇、下降の流れを繰り返しています。

**季節性による資金循環は、毎年、どのような状況でも繰り返しあらわれるものなので、筆者は「通常の状態」という言い方をしています。**1年間が通常の状態なら、例年の傾向としてあらわれる動きに沿った流れができます。

## 通常の状態は横ばいの値動きが基本

そうはいっても、必ずしも、毎年、同じように上昇、下降を繰り返しているわけではありません。そんなに単純なら、誰もが簡単に利益を得ることができます。

通常の状態は、時々歪みます。この歪みが原因で、通常の状態であらわれる傾向がわかり難くなっています。

なぜ、「例外的な動き（歪み）」が起こるかを説明する前に、「通常の動き」について理解しておく必要があります。

まず、資金循環の傾向は、価格の変動幅で利益を得ることを目的とした資金の流れというよりも、経済活動の一部としての資金循環によってあらわれています。したがって、**通常の状態での価格変動は、大幅な上昇、下降を引き起こす動きではなく、一定のレンジで推移し、レンジ上限まで上げて、レンジ下限まで下げるという動きです。**

1年間では、全体として横ばいに推移するような動きだといえます。

ただ、横ばいといっても、まったく横ばいに推移する動きではありません。その年がインフレ傾向であれば、全体として右肩上がりのレンジとなり、デフレ傾向であれば、全体として右肩下がりのレンジになるという流れをイメージしてください。年初と年末の値位置を比較すれば、上方、下方へずれていることになります。

## 積極的な参加者が価格の上昇や下降を増幅する

一方、「**例外的な動き**（歪み）」**は、この通常の状態であらわれる上昇、下降の動きに乗じて、価格の振れ幅で利益を得ようとする側が積極的に参加してくることが原因であらわれます。**

たとえば、ビジネスとして市場に参加している人たちが積極的に買わなければいけない時期のために大勢の方向を決める需給がタイトであれば、次に需給が変化する時期まで価格が上昇する、大きく上昇しないまでも下がらないということはわかっていることです。

そんな好機を振れ幅で利益を得ようとする側が見逃すはずもありません。

価格が上昇を開始する時期を前に（またはその時期に押し目底をつけたと確認できるや否や）、いっせいに積極的な買いが入り、上げるだろう値幅を取りにきます。

通常なら、緩やかに日柄をかけてつける値位置まで、一気に上昇してしまいます。また、場合によっては、想定以上の値位置まで価格を一気に押し上げる結果になります。なぜなら、値動きで利益を得ようとしている側は、その流れが継続して利益を得られるなら、そこでおいしい汁を吸い続けたいわけですから、通常なら反転する時期にきても、まだいける状況があれば、上値追いを続けるからです。

その結果、通常の状態であらわれるはずの一定のリズムが崩れ、早めに戻り高値をつけたり、流れが反転する時期へきても上昇を継続したりといった「例外的な動き」が起こるわけです。

株式市場へは、配当などの利回りを長期的に得るための資金と、振れ幅で利益を得るための資金があり、後者が積極的に市場へ参加することで、通常の状態を崩し、一定のリズムを歪ませています。

このことがわかっていれば、「いまの値動きがどうしてあらわれているのか」を推測することが容易になります。

**振れ幅で利益を得るための資金は、〝通常の状態でできる流れに便乗〟して利益を得ることを狙って入ってきます**。そのため、例外が発生する場面は事前に想定できるわけです。通常の状態を把握していれば、それと比較して、現状が例外の流れへ入っているか、振れ幅で利益を得ようとしている側が積極的になっているかどうか、どれだけの利益を想定しているのか、といったことのおおよその推測ができるわけです。

一般の個人投資家は、このように巨額の資金を使って一方的に利益を得ている人たちをずるいと思っているかもしれません。しかし、考え方を変えれば、**一方的に利益を得られる側が存在しているからこそ、先のことを予測できる**ことがわかります。市場全体が中立なら、投資がすべてギャンブルになってしまいます。

## 短期の市場参加者はビクビクしている

価格の変化で利益を得ることを目的とした資金は、その運用が比較的長い期間である場合、頻繁に方針を変更するわけではありません。需給は決まった時期にしか変化しないのですから、そのスケジュールに合わせて投資方針を決め運用しているはずです。

一方、短期で利益を得ることを目的としている資金は、全体の方向などどうでもよく、短い期間で、なるべく多くの利益を得られる場所へ向かいます。利益が得られなくなったら、すぐに撤退することも十分に考えられます。

市場へ積極的に投資するということは、自分の手の内をすべてさらけ出すということです。自分の意思を公にすることほど、無防備な状態はありません。

したがって、**短期の市場参加者は、常にビクビクした取引をしているため、市場参加者の誰もが「上がる」「下がる」という共通の認識を持つ場面でなければ積極的な行動がとれません。**一瞬で変わりうる突発的な材料ではなく、市場参加者の誰もがそうなるだろうと推測できるものでなくてはなりません。

資金循環により、毎年同じ時期に同じようにあらわれる傾向こそ、多くの市場参加者を一時的な衝動を引き起こすのに、これ以上ないきっかけなのです。

## 短期の市場参加者は短い期間で利益を得たい

もうひとつの短期市場参加者の特徴は「短期で利益を得なければいけない」という前提があるということです。だから、短期市場参加者が積極的に市場へ入り、利益を得ようとしている場合、1日から1週間程度で利が乗っていなければならないということです。

言い換えると、**上昇局面で短期市場参加者が積極的になっているなら、価格が反落する**

**場合でも、その反落は、5営業日も継続しない**ということです。1週間も反対方向の動きになるか、あるいは下げ場面で上値、下値を切り下げるような（弱気を示す）動きがあらわれるなら、ビクビクしている短期の市場参加者は、すぐにそこから離散してゆきます。

## 短い期間で一気に目標価格を目指す

前項までみてきた、

**①短期市場参加者は、条件が整ったとき、積極的な行動を起こす**
**②短期の市場参加者はビクビクしている**
**③短期市場参加者は短い期間で利益を得たい**

ということを合わせて考えてみましょう。

①の「条件が整う」とは、前述したとおり、市場参加者の共通の認識のある時期です。そのような時期は、1年を通じてずっとあるわけではありません。価格は、資金循環の事情によって上げ下げを繰り返しているのですから、上げやすい時期を経過すれば、次に下

げやすい時期があるという繰り返しになっています。だいたい、季節ごとに上昇、下降の一連の動きがそれぞれ2回あると考えていてください。

積極的になって、自分の弱みをさらけ出す場合、他の市場参加者に同調してもらう必要があります。したがって、短期の市場参加者が買いを考える場合、誰もが買いを考えている**この2回の上げやすい時期に投資行動を起こすしかないのです**。

次に、②の「彼らは常にビクビクしている」があるわけですから、何の変化もなく、一気に目的の場所へ到達してくれたほうがいいわけです。ジグザグに、日柄をかけて上昇しても、想定しているような十分な利益を得ることができません。**年に2回の上げやすい時期があるなら、そのどちらか、より確実な時期に目的を遂行します**。

そして③の「短い期間で利益を得る」ためには、**その上げやすい期間内で、短期間で目的とする値位置までの上げを期待した取引を行なう**ということです。

結局彼らは、1年間の変動幅は限られているなか、その変動幅を目安にして、上げ、下げの値幅を取りにきて、なおかつ、それが短い期間で利益になるような行動をとっているわけです。

だから、相場の値動きをみると、1年間という期間のなかでも、全体の変動幅分近くの値幅の動きがある期間は3ヵ月程度しかないという動き方をすることになるのです。

## 1年間の値幅の大部分は3ヵ月程度で達成される

以上の推論は実際の値動きにも裏付けられています。**図表2―3**の2013年の日経平均株価は、5ヵ月近い上昇期間がありました。これは、4月に日銀が大規模な金融緩和を行ない、市場を誘導したことで、上げ余地が拡大したためにあらわれた動きです。

**図表2―4～図表2―7**は、2009年から2012年までの日経平均株価の動きです。

2009年は、3～6月（4ヵ月間）の上げで年間の変動幅の大部分を消化しています。

2010年は、4～8月（5ヵ月間）の下げで年間の変動幅の大部分を消化しています（細かくみれば、4～5月の2か月間で一気にほとんどの下げ幅を達成していることがわかります）。

2011年は、2～3月（2ヵ月間）の下げで年間の変動幅の大部分を消化しています。

2012年は、1～3月（3ヵ月間）の上げで年間の変動幅の大部分を消化しています。

**多くの市場参加者が似た行動をとれる期間の長さには限界があります。**人それぞれ満足の度合いや、その相場に対する読み方が違うわけですから、大勢が延々と同調行動をとり

図表2-3 ◎ 日経平均株価の推移（2013年）

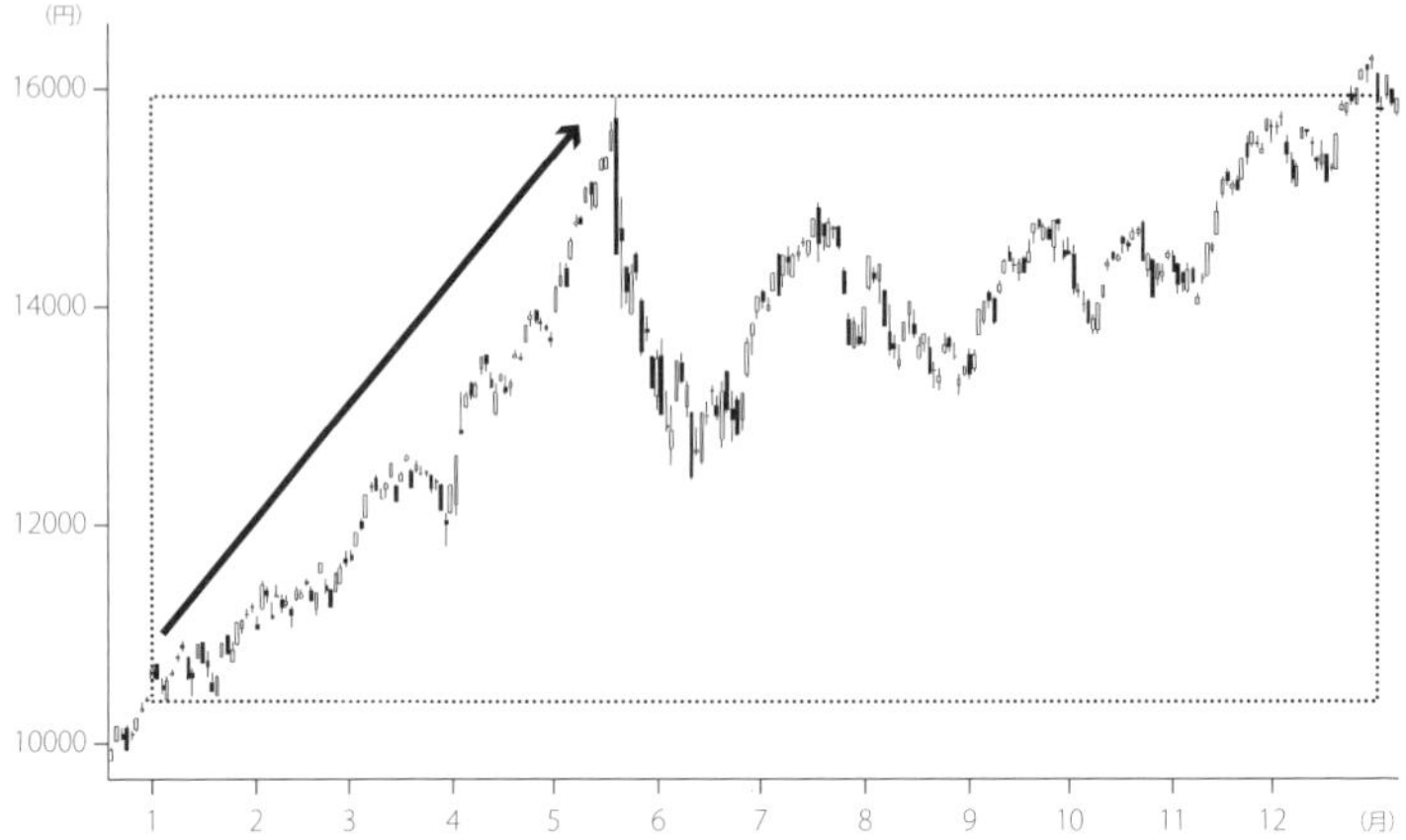


図表2-4 ◎ 日経平均株価の推移（2009年）

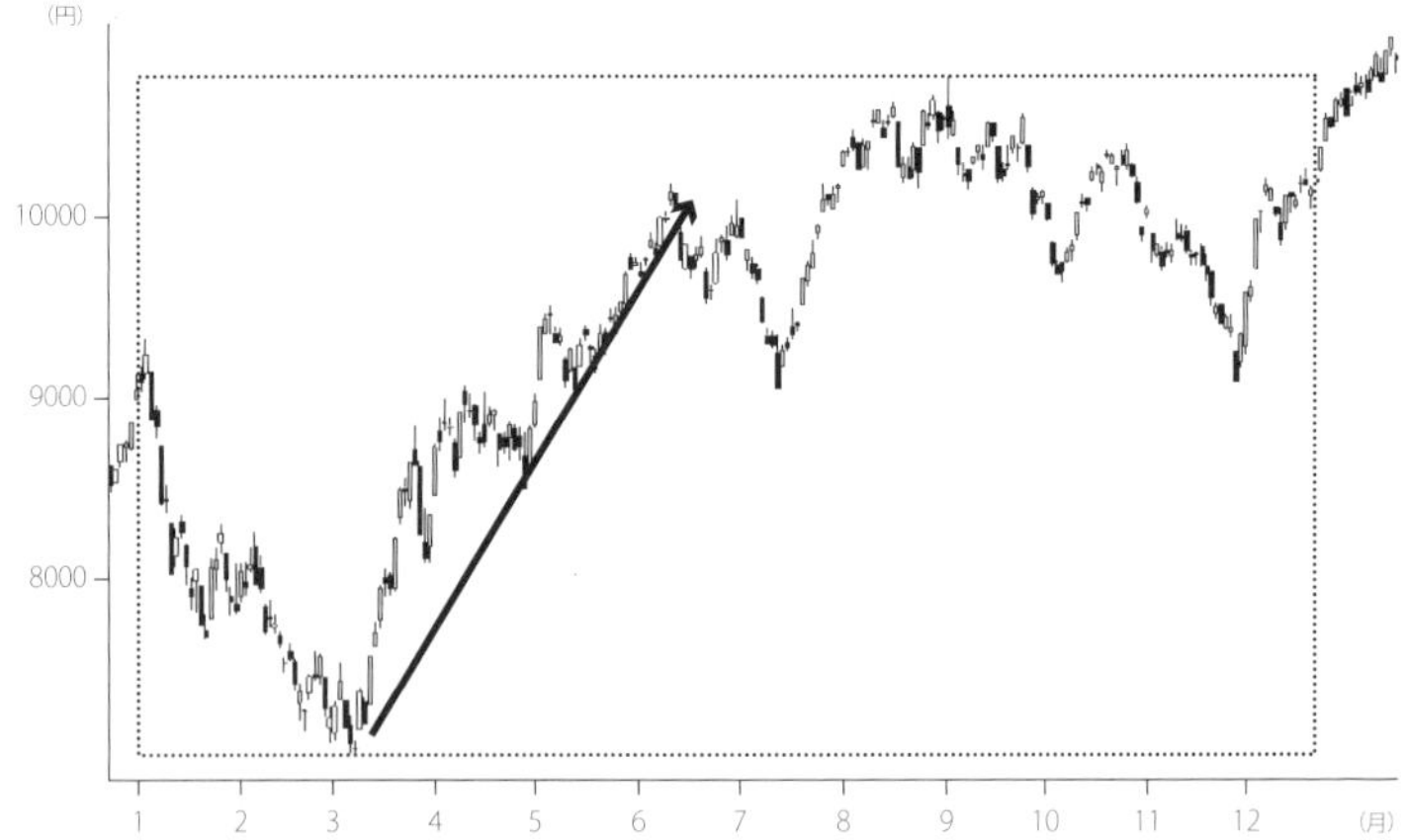

図表2-5 ● 日経平均株価の推移（2010年）

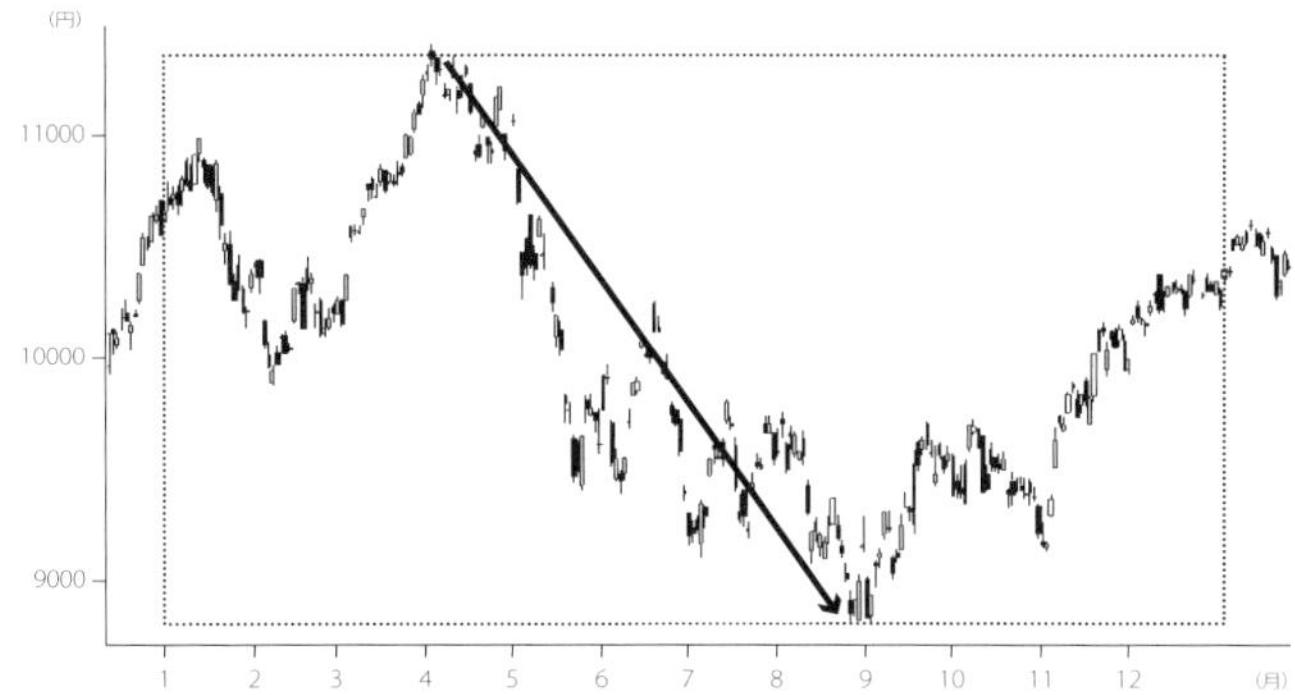


図表2-6 ● 日経平均株価の推移（2011年）

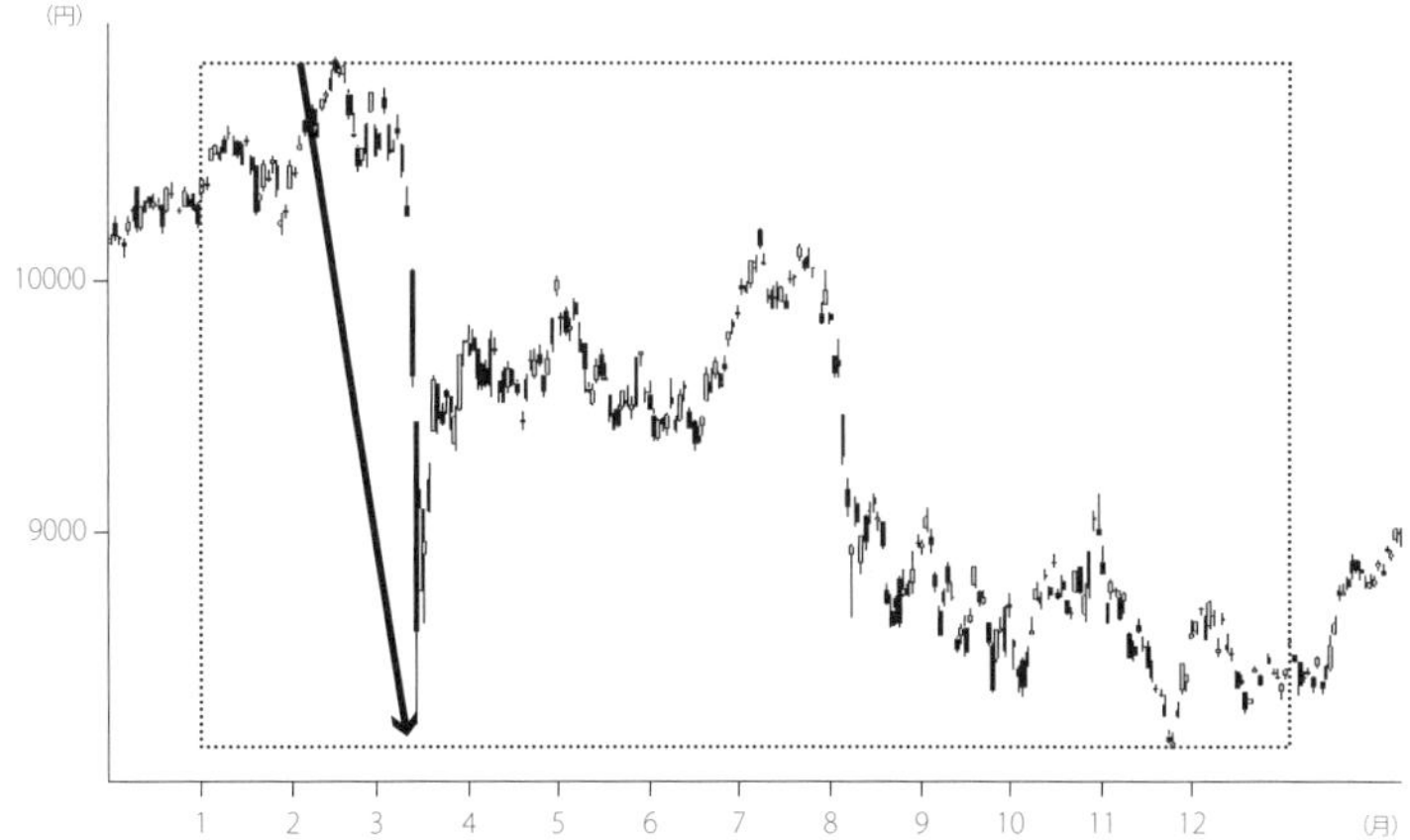

続けるという展開にはなかなかなりません。そのため、**「積極的な状態」は比較的短い期間で終わりやすく、その流れが継続する時期を経過したら終わります。**

そのような状況がわかっているわけですから、積極的に仕掛けている側は、なるべく短い期間で想定している値位置へ到達するような行動をとります。

だからこそ、年間の変動幅の大部分をとりにいっている動きは、1年間のなかでみれば、だいたい2~4ヵ月程度になっています。1年を通じて上昇したようにみえる年でも、チャートをよくみれば、高値、安値を更新している期間（実質的に値幅を伴って動いた期間）は限られていることがわかります。

図表2-7 日経平均株価の推移（2012年）

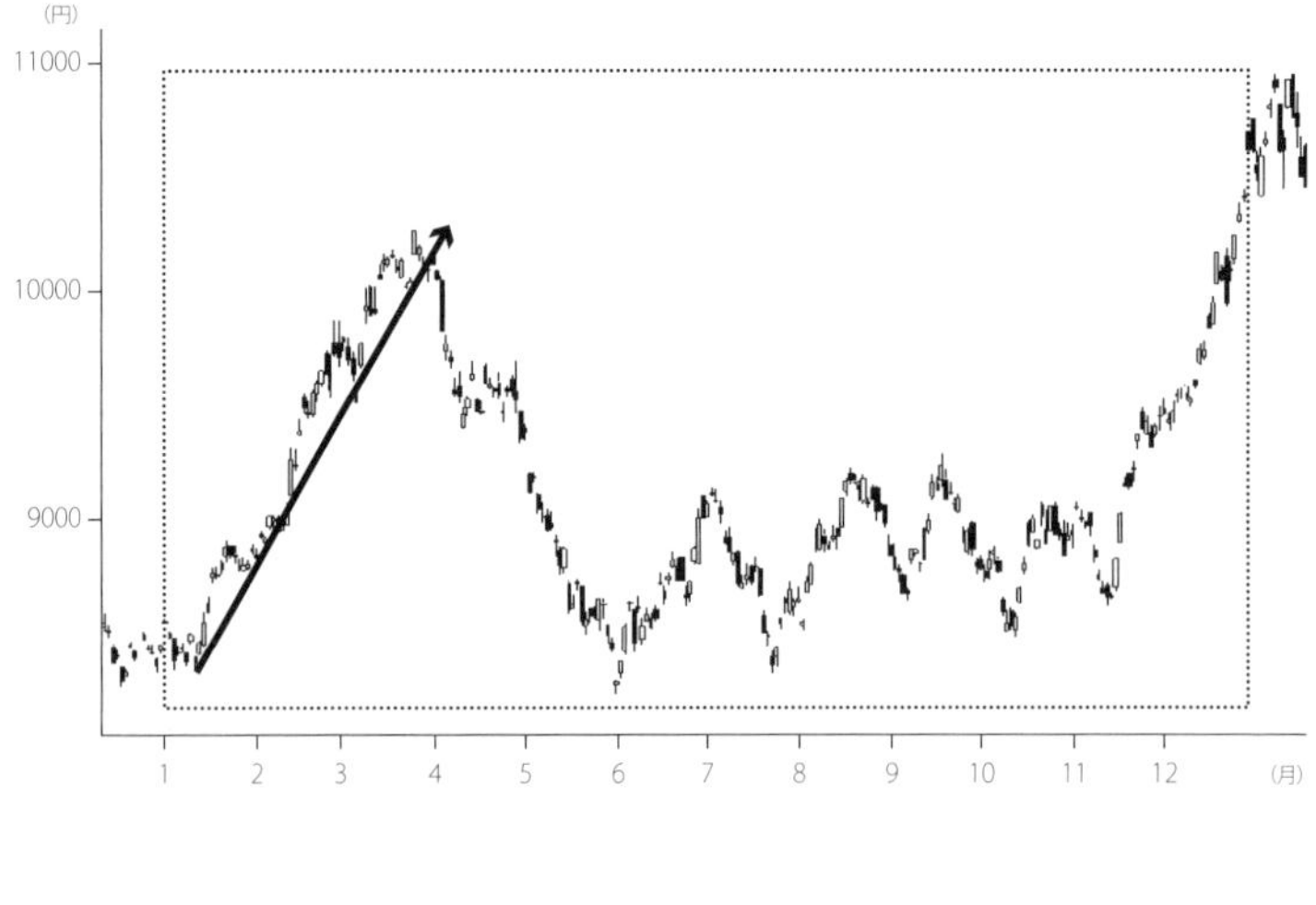

Section 2-3

# 1年間の値動きの基本パターンはこうなっている

## 1年間で上昇している パターンの典型的な形

では、1年間のなかで「積極的な状態」はいつで、その特徴はどうなっているのでしょうか。1年間の動きを分析してみると、

- **上昇、下降の一連の動きが2回ある**
- **上げやすい時期、下げやすい時期に価格が上昇、下降して、一気に目標値を目指す**
- **年間の変動幅は限られている**

という特徴があります。

この特徴があることによって、1年間の価格の動き方を、上昇している年（年初よりも年

末の値位置が高い年）、下降している年（年初よりも年末の値位置が低い年）、横ばいの年（年初と年末の値位置がほぼ同じ年）に分けてみると、それぞれが似通った形になっています。

**図表2―8**は、1年間が上昇している年のパターンです。以下では、「強気パターンの年」と呼びます。

強気パターンの年は、最初の上げ幅で年間の変動幅の大部分を消化するケースと、2回の両方で年間の変動幅を取りにいく動きがあります。

### ①最初の上げ幅で年間の変動幅の大部分を消化するケース

このケースでは、「最初の上げ幅で年

**図表2-8 ●「強気パターン」には2種類ある**

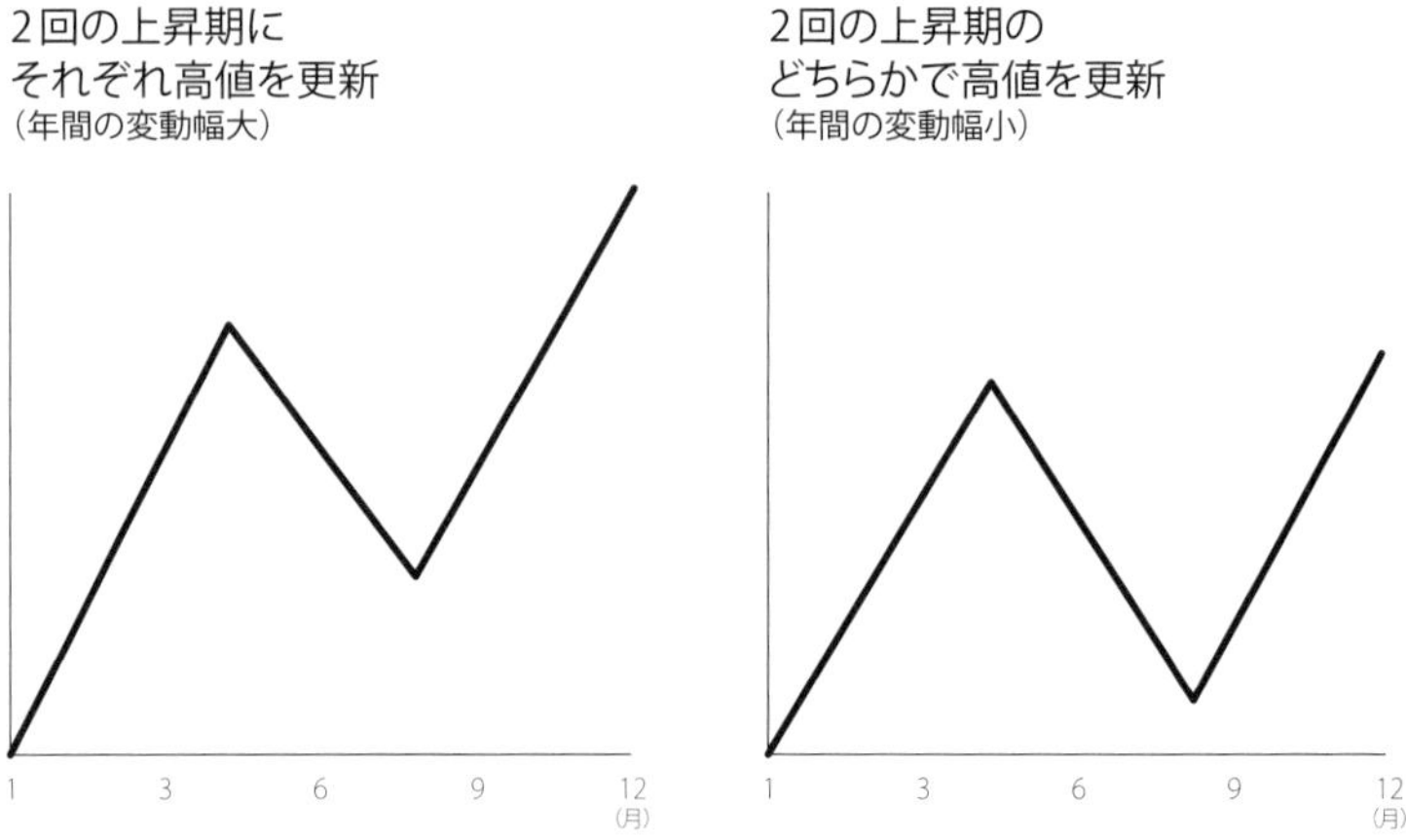

間の変動幅を消化する＋次の上げやすい時期までに価格が大きく下げる＋次の上げやすい時期に下げた分を戻す上げとなる」形となります。

２００９年（**図表２—９**）、２０１３年（**図表２—10**）の日経平均株価がこのパターンとなっています。

### ②最初の上げ幅が年間の変動幅に届かないケース

このケースでは、「最初の上げ幅が年間の変動幅に満たない＋次の下げが最初の上げ分のすべてを押し戻されずに下値堅く推移する＋次の上げやすい時期に年間の変動幅の残りの値幅を取りにいく」という形となります。

**図表2-9 ● 2009年の日経平均の推移**

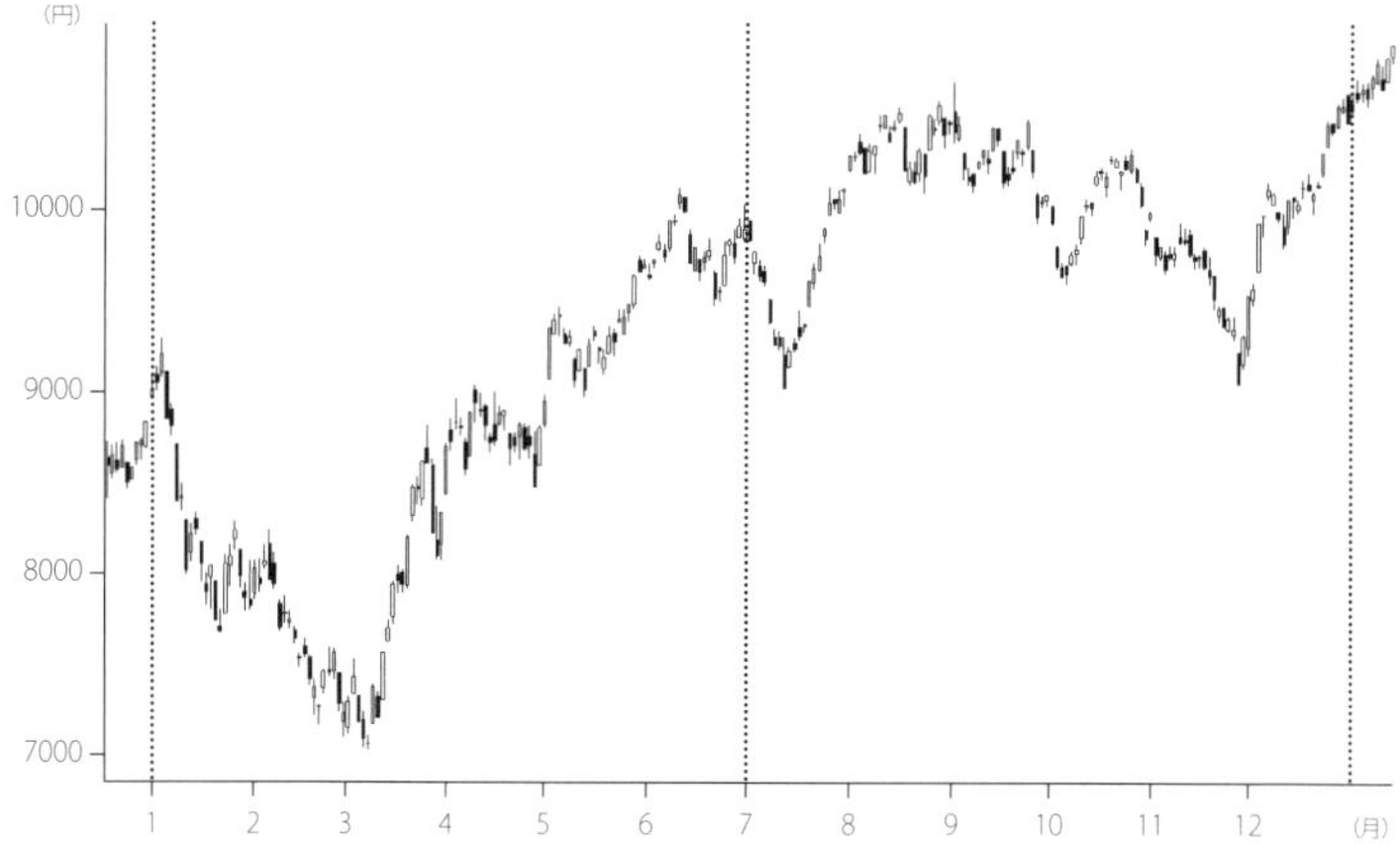

この際、最初の上げ分を下げやすい時期に下げなかったことによって下値堅さを確認している経緯から、後半のほうが上げやすい状況ができます。また、年の後半に価格が上昇する場合、株価を押し上げる材料が出やすく、翌年の4月へ向けた目標値へと見方が変わることもあって、上げの勢いづきやすいため、年間の変動幅が大きくなる傾向があります。

**図表2―11**では、日経平均株価の年間の振れ幅が3000円から6000円と書きましたが、年の後半に勢いづくケースのほうが振れ幅の上限に近い上げになりやすいということです。

図表2-10 ● 2013年の日経平均の推移

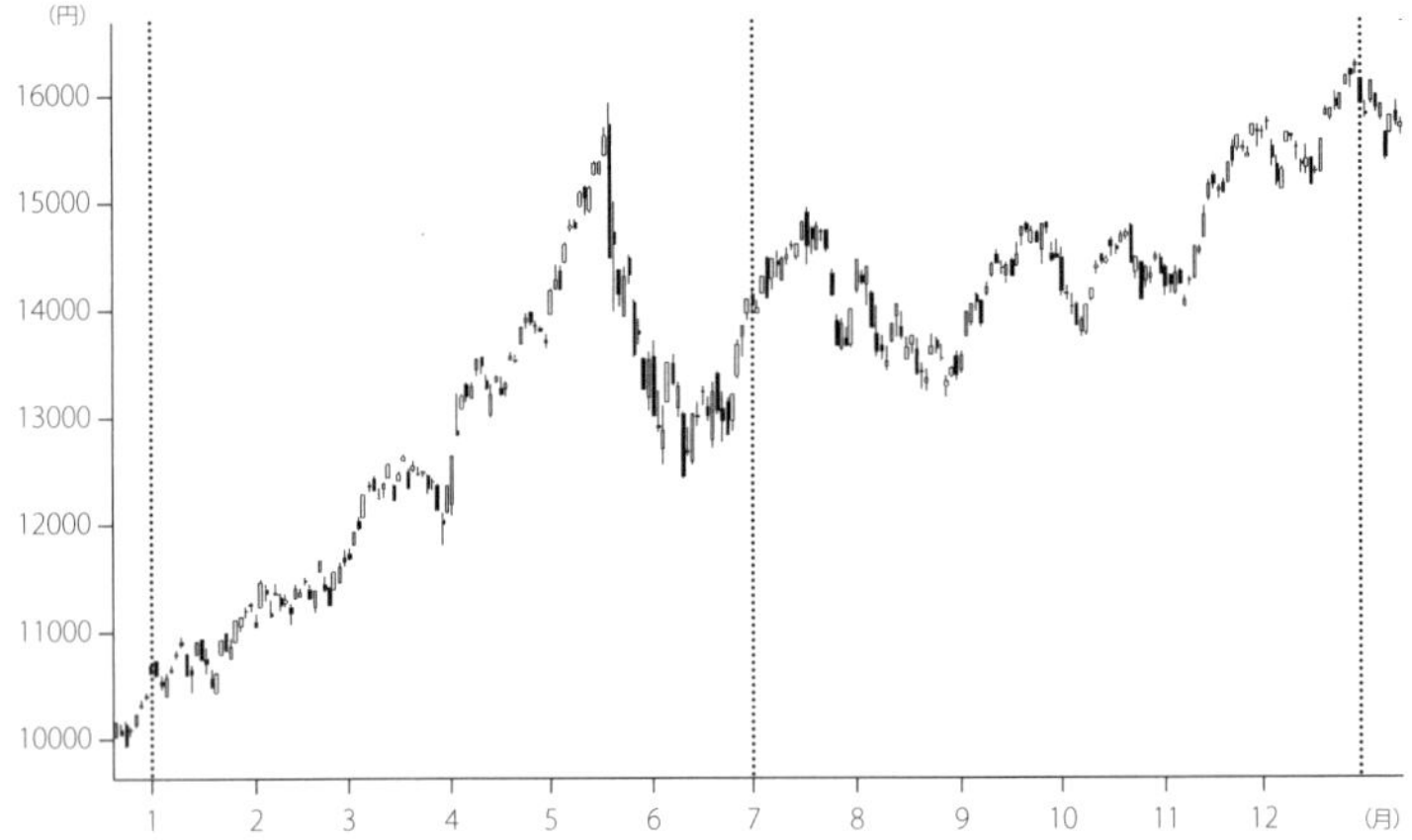

## 1年間で下降しているパターンの典型的な形

一方、**図表2―11**は、1年間が下降している年のパターンです。以下では、「弱気パターンの年」と呼びます。

通常の状態は、一定のレンジで保ち合っている動きだと前述しました。長く値幅の大きな上昇の動きというのは、通常の状態で価格が上昇する時期に、通常よりも多くの積極的な買いが入り、値動きが歪められることであらわれます。

一方で、長く値幅の大きな下降の動きは、歪められ、値位置が高くなり過ぎた状態から、積極的な資金が放れるときにあらわれます。

つまり、**長く値幅の大きな下降の流れは、長く値幅の大きな上昇の流れを経過した後にしかあらわれない**ということです。

したがって、弱気パターンの年は、前年が強気パターンとなって、年末へ向けて価格が上昇し、12月頃に年間の最高値をつけるような展開になっている翌年の動きとしてあらわれることが多いわけです（それまでの上げ局面が複数年にわたり長く継続した場合、弱気パターンの年が連続することもあります）。

弱気パターンの年は、前年までの上げ局面を修正するか、前年の下げの流れを継続する格好で下げることであらわれるので、年初に年間の最高値をつけて、年の前半に下げ幅の大きな動きがあらわれるケースが目立ちます。

ただ、株式市場の場合、3月、4月に下値堅く推移する、展開次第で上げ幅が大きくなる可能性のある時期が控えているため、下げ幅が大きくなるのが4月以降になりやすい傾向があります。

弱気パターンの年の基本型は、強気パターンの年と同様、最初の下げ幅で年間

図表2-11 「弱気パターン」には2種類ある

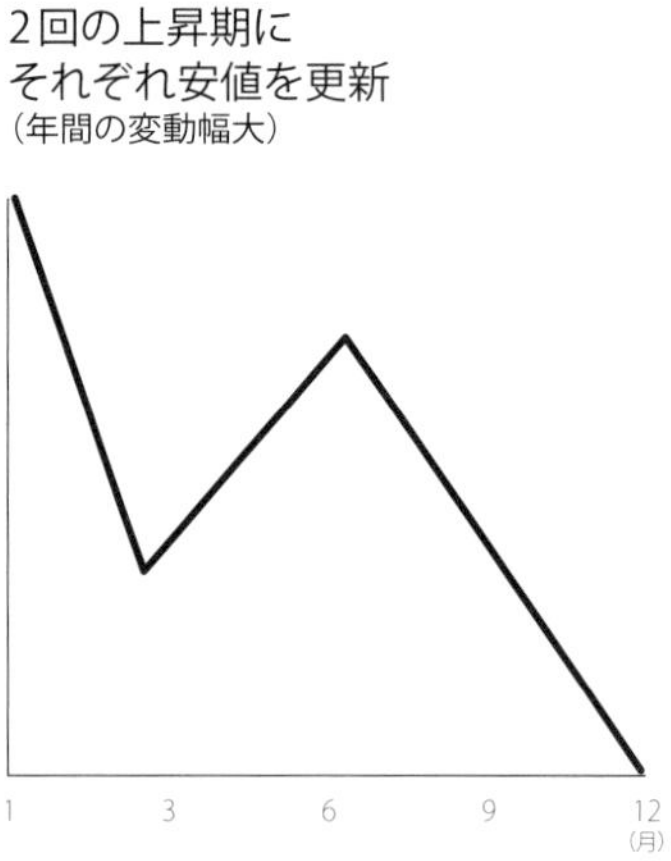


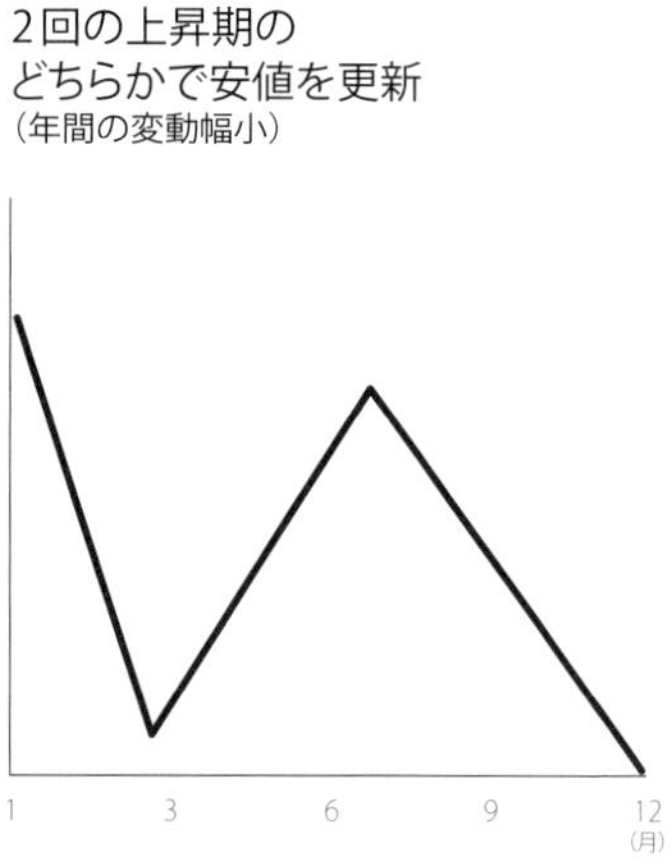

の変動幅の大部分を消化するケースと、2回の両方で年間の変動幅を取りにいく動きになります。

### ①最初の下げ幅で年間の変動幅の大部分を消化するケース

このケースでは「（前年から継続して）次の下げやすい時期までに価格が大きく上げる＋次の下げやすい時期に上げた分が押し戻される下げとなる」形となります。

2011年の日経平均株価がこのパターンとなっています（**図表2―6**参照）。

### ②最初の下げ幅が年間の変動幅に届かないケース

年の前半は、通常の年なら、年間を通じて最も売買高が大きくなる3月、上げやすい4月、6月を控えているため、価格が下げていても、一般的なチャートパターンから推測できる下値目標値を大きく下回るような水準まで、積極的に仕掛けられるような展開になり難いといえます。

3月から6月までの期間で、価格があまり上昇しないことで上値の重さを確認して、年の前半でつけた安値では値幅を取りにいくような積極的な買いが入らないとわかり、5月、6月以降にさらに下値を掘り下げることになります。

図表2-12 ● 2007年の日経平均の推移

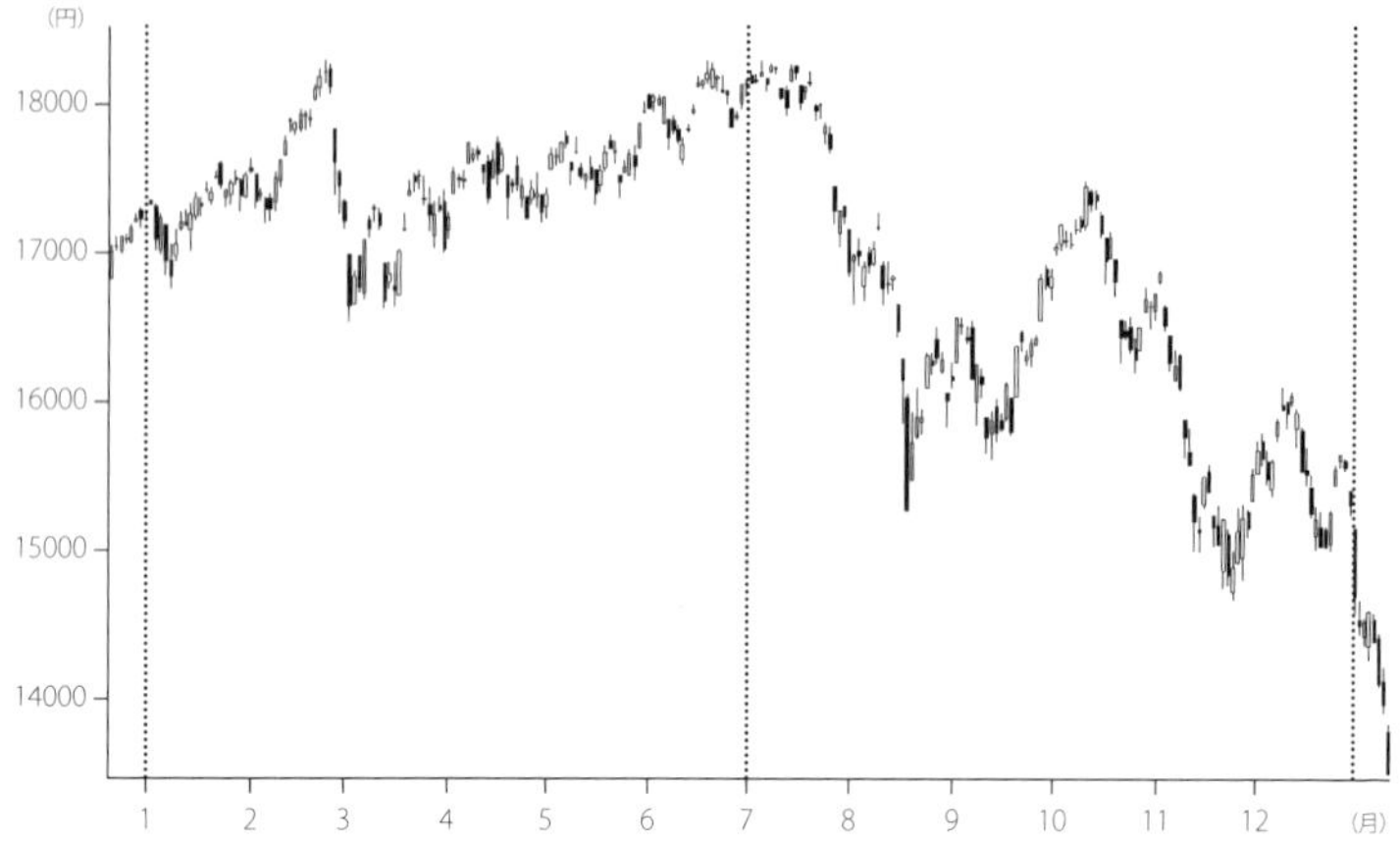


図表2-13 ● 2008年の日経平均の推移

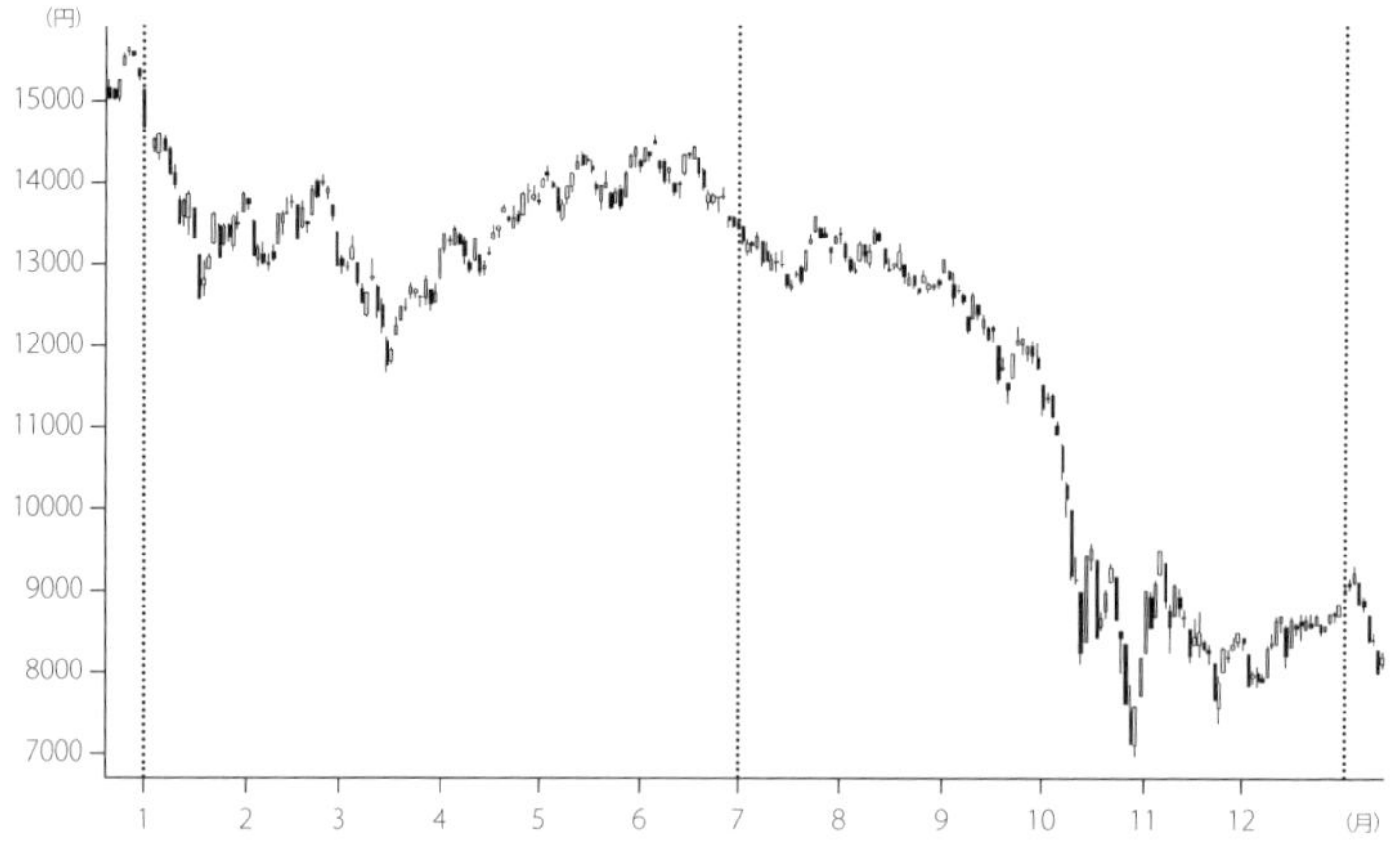

**図表2―12**の2007年は、6月まで横ばいに推移した後、6月以降に下値を掘り下げています。

**図表2―13**の2008年の日経平均株価は、3月まで下げて、6月まで堅調に推移し、6月以降に下げ幅の大きな動きへ入っています。

## 1年間で横ばいのパターンの典型的な形

最後に、**図表2―14**は1年間が横ばいに推移している年のパターンです。

年間の値動きが横ばいに推移する場合、上昇期、下降期でそれぞれ高値、安値を更新はするものの横ばいで終わるパターンと、最初の上げ分のすべてを押し戻される、あるいは最初の下げ分のすべてを戻す展開があります。

まずは最初の上げ分のすべてを押し戻されるケースです。

日経平均株価は、3月の売買高が年間を通じて最も大きくなりやすいと書きました。そのような時期の上昇のすべてを押し戻されるなら、後半に価格が上昇しても、「人気が出

### 図表2-14 ●「横ばいパターン」には3種類ある

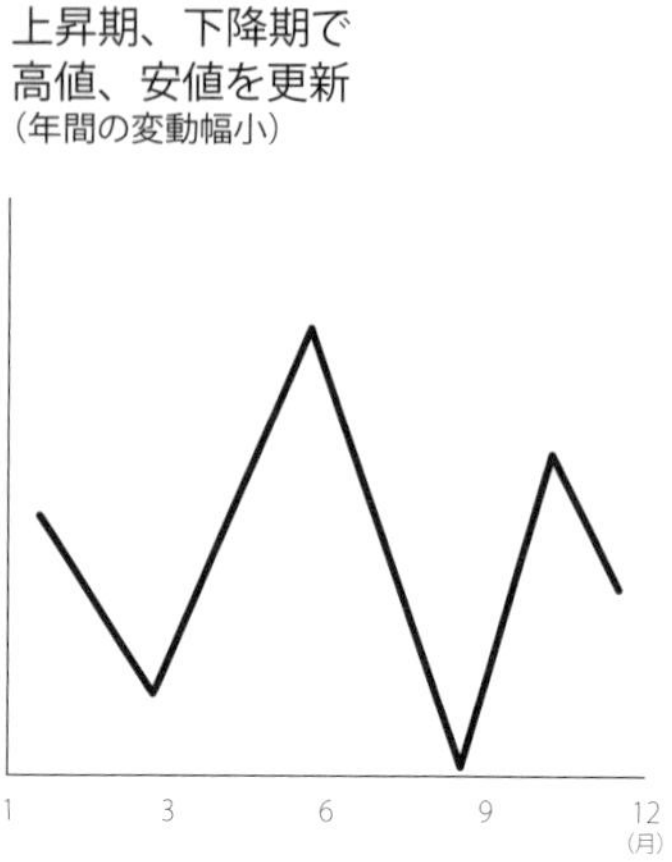

### 図表2-15 ● 2012年の日経平均の推移

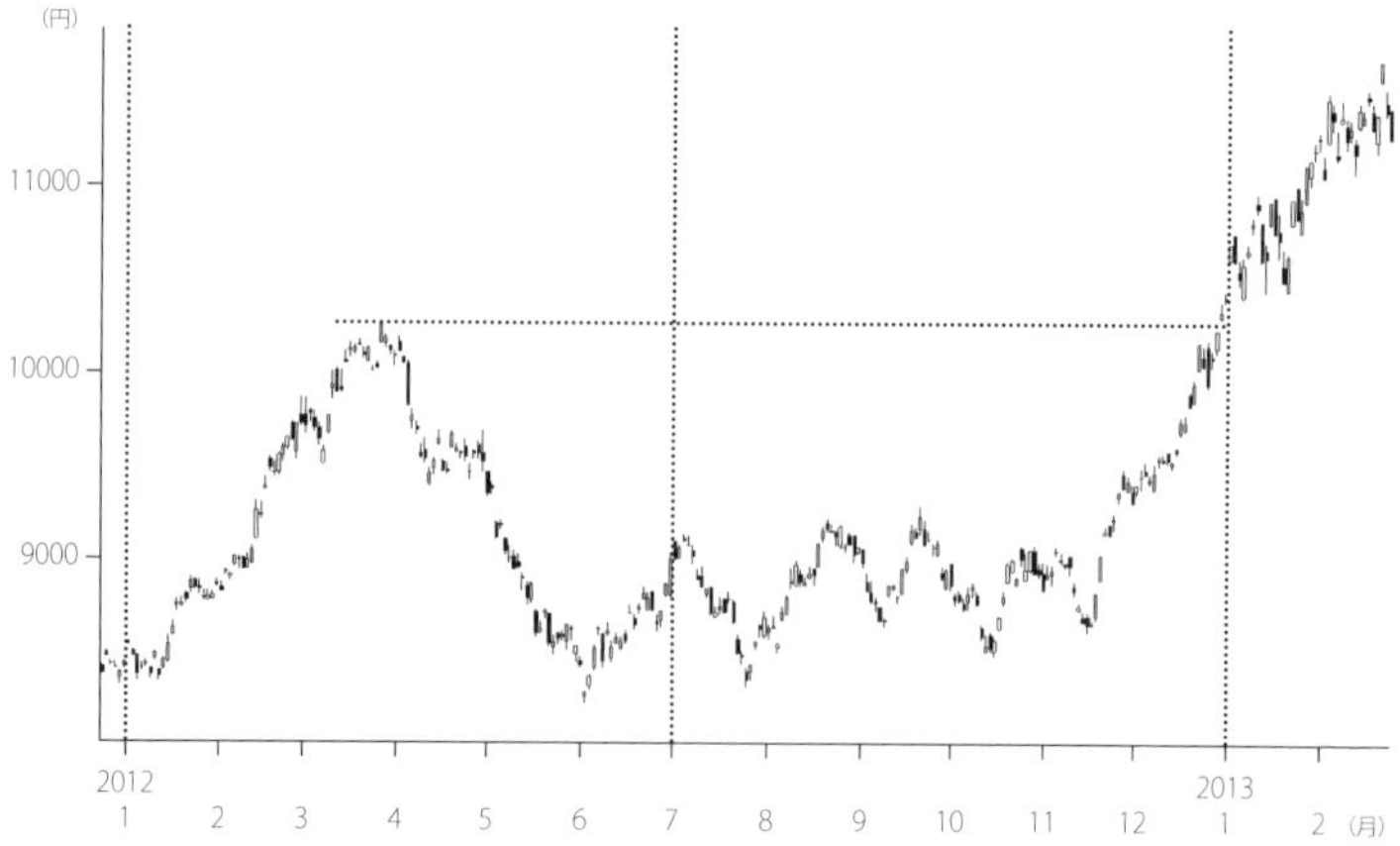

やすい時期に上値の限界を示した」経緯から、最初の上昇でつけた高値を超える展開になり難くなります。

たとえば**図表2―15**の2012年は、6月までの下げがそれまでの上げ分のすべてを押し戻されたことで、3月27日の高値1万255円が強く意識される高値になっています。そのため、11月以降に価格が上昇しても、年末までの動きは1万255円を目標とした動きになっています。12月に1万255円を超えましたが、年が改まった後の2013年1～2月までの動きをみると、ジグザグに推移して積極的に高値を更新する動きになり難い展開となっていることからも、2012年は1万255円が意識されていることがわかります（2012年は結果として強気パターンの年です。8月以降に一段安となっていれば、年末に向けて価格が上昇しても、年末の終値が9000円程度になって、横ばいパターンの年になっていたと考えられます）。

次は最初の下げ分のすべてを戻すケースです。

年の前半に価格が下げた後、後半に価格が上昇し、横ばいパターンの年になる場合、年の後半の上げは、翌年の前半の上げやすい時期へ向けて、価格が上昇を開始するという流れによってあらわれます。

年間の最安値はだいたい10月頃につけますが、価格が年の前半から下値を掘り下げる動きを継続しているようなときは、3月から8月頃までの早い段階で買いやすいと誰もが想定している場所へ到達するときがあります。

そういうときは、値を戻す過程で、日柄を経過して、その上げが翌年の前半に向けた上昇へと変化してゆく場合があります。

1年間の動きは「往って来い」となっているのですが、もう少し長い期間の値動きを見ると、その年が転換の年になっているというみえ方になります。

**図表2―16**は、1995年の日経平均株価です。6月まで下降を継続して、一気に下値の限界まで下げた後、年末へ向けて、年初の高値を目指す動きへ入っています。

なお、長い上昇局面が下降へ転換する

**図表2-16 ◎ 1995年の日経平均の推移**

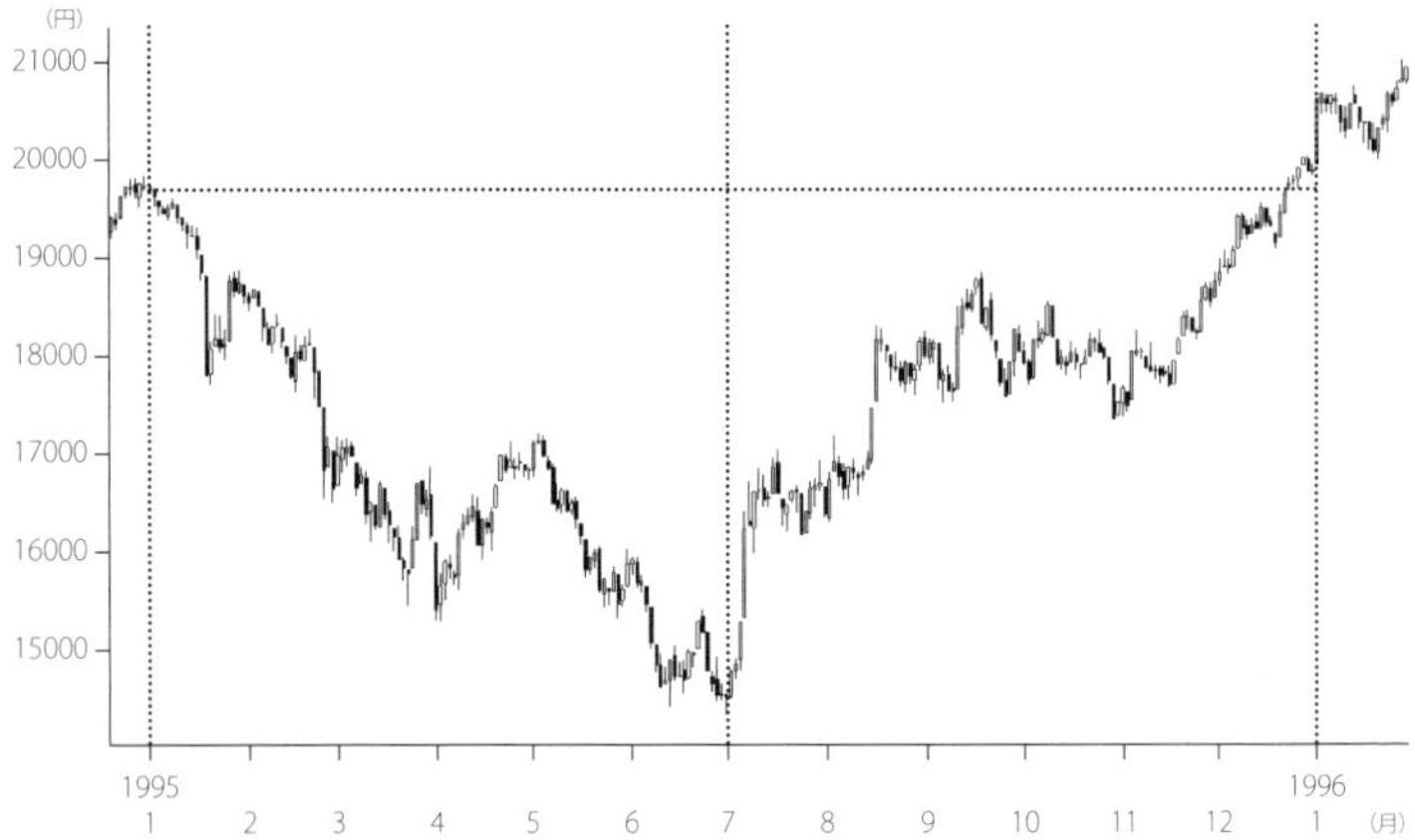

ときの天井は、強気パターンから弱気パターンへ変化する過程であらわれます。そのため、**天井は年末や年初に大勢の転換点があらわれやすい**といえます。

逆に長い期間の下降局面が転換するときの底値は、翌年に向けた動きとして変化があらわれるか、積極的に買いやすい条件がそろう時期にあらわれます。したがって、**底値は、3月頃、8月頃、10月頃につけやすい**といえます。

## 下げないこと・上げないことで、「次の動き」がわかる

以上のパターンを通してみると、**「1年間の変動幅が、**（想定される範囲のなかで）**大きくなるか、小ささくなるか」あるいは「年間の強弱のパターン」は、最初の上げ分あるいは下げ分の「値幅の大きさ」と「すべてを押し戻される動きになるか否か」で推測することができます。**

まず、最初の上げ分あるいは下げ分で、1年間の変動幅に満たない場合、次の上げ、下げが大きくなりやすいといえます。

最初の上げ分が1年間の変動幅に満たなかったにもかかわらず、次の下げが大きくならない場合、次の上げやすい時期に最初の高値を超えやすいと推測することができます。逆に、最初の下げ分が1年間の変動幅に満たなかったにもかかわらず、次の上げが大きくならない場合、次の下げやすい時期に最初の安値を割りやすいと推測することができます。

たとえば2012年は、1月から3月までの最初の上げ分が2000円に満たない値幅です。その後の下げが最初の上げ分のすべてを押し戻されましたが、それ以上に下げ幅を拡大する展開にならなかったことで、11月の時点では、上値を追いやすい状況があった（下値堅さがみえている状況だった）といえます。

## パターン別に並べてみると1年間の動きは似ている

1年間の値動きが強弱にはっきり分かれるわけがない、そんなに値動きは単純ではないと考えている方が多いかもしれません。

しかし、これまで述べてきた「毎年、資金循環によってつくられる上昇、下降の流れがある」ということを考えれば、**上げだろうが下げだろうが横ばいだろうが、1年間の値動きが似てくるのはあたりまえ**なのです。

上げ傾向のある時期、下げ傾向のある時期は、毎年、変わりません。**日経平均株価の上げ傾向は3〜6月頃と11〜12月頃、下げ傾向は7〜10月頃です。**こうした資金循環の傾向は、企業活動によって必然的にあらわれるものだから、変わらないのです。国や企業の会計年度、給料やボーナスの支給日、債券の償還期限など、通常の経済活動であらわれる資金の流れが変更されない限り、今後も特定の傾向を継続すると考えられます。

**強気パターンの年は、上昇する時期の上げ期間が長くなり、下降する時期の下げ期間が短くなります。**

逆に、**弱気パターンの年は、上昇する時期の上げ期間が短くなり、下降する時期の下げ期間が長くなります。**

この違いによって、強気パターンの年と、弱気パターンの年は、動き方に違いがあらわれるため、複数年の連続したチャートをみると、それぞれの年がばらばらの値動きをしているようにみえます。

しかし、強気パターンの年と弱気パターンの年を区別して調べれば、それぞれが似た動きをしていることがわかります。

# 個別銘柄でみた下げパターンの形

ここまでは日経平均を例に値動きをみてきましたが、ここからは個別銘柄で検証してみます。

**図表2―17〜図表2―19**は、2000年以降にデンソー（6902）が弱気パターンの年になったときのチャートです。

2001年、2008年、2011年の3回が、年初よりも年末の値位置が低くなっています（多少の高低があっても近い値位置の場合は横ばいと判断しています）。

どの年も、年初に一段安を経過した後、

**図表2-17 ◉ 2001年のデンソーの株価の推移**

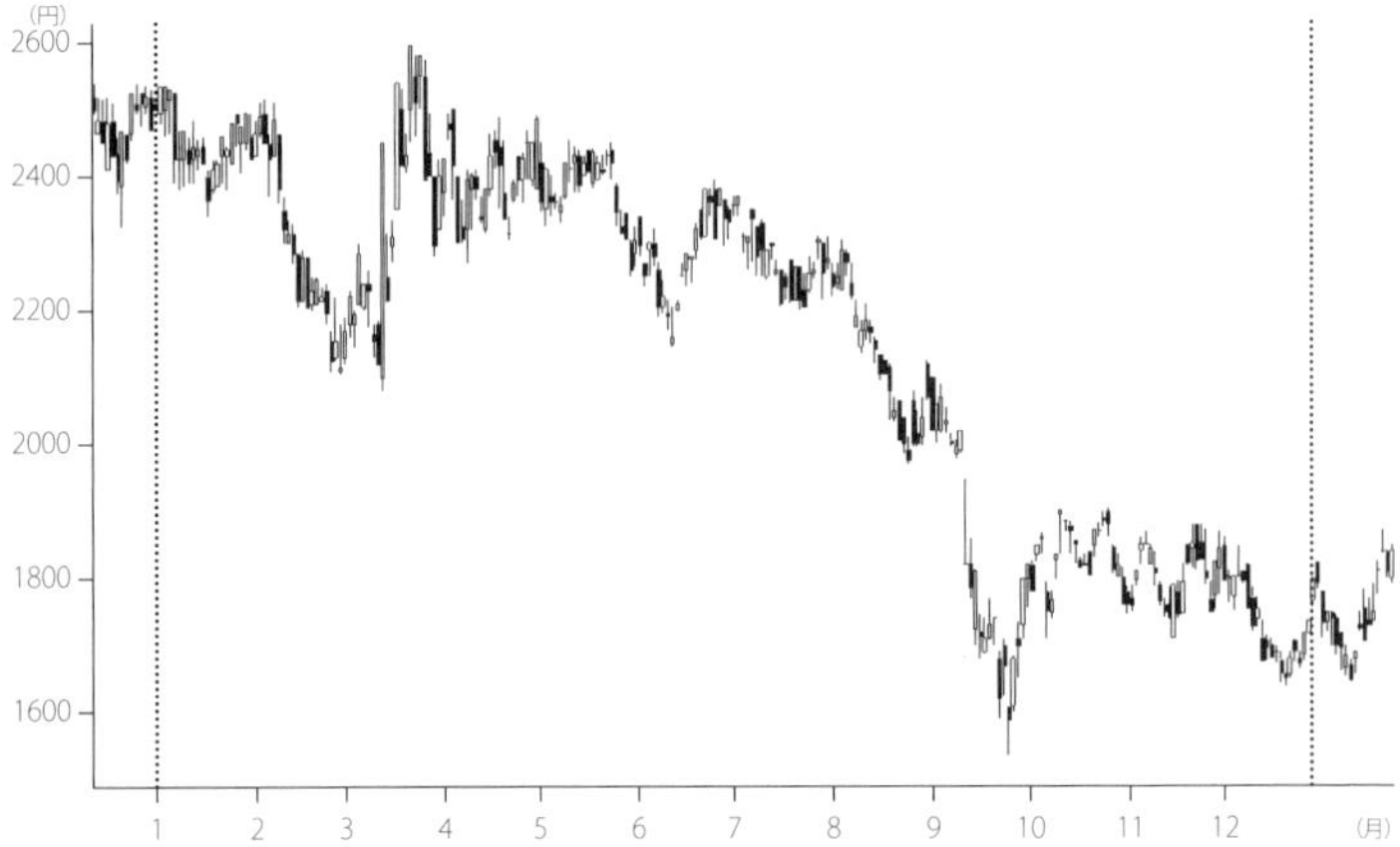

図表2-18 ● 2008年のデンソーの株価の推移

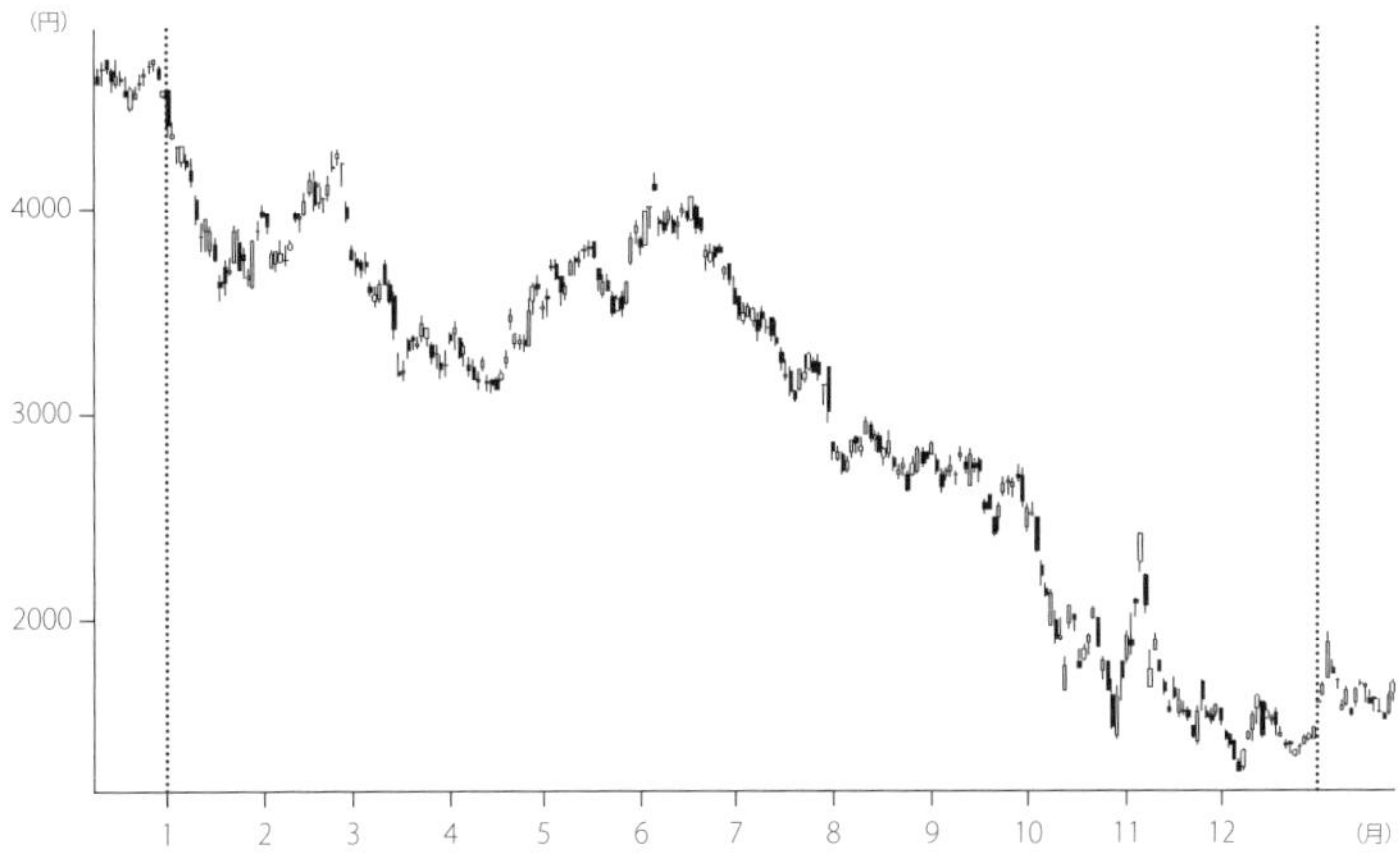


図表2-19 ● 2011年のデンソーの株価の推移

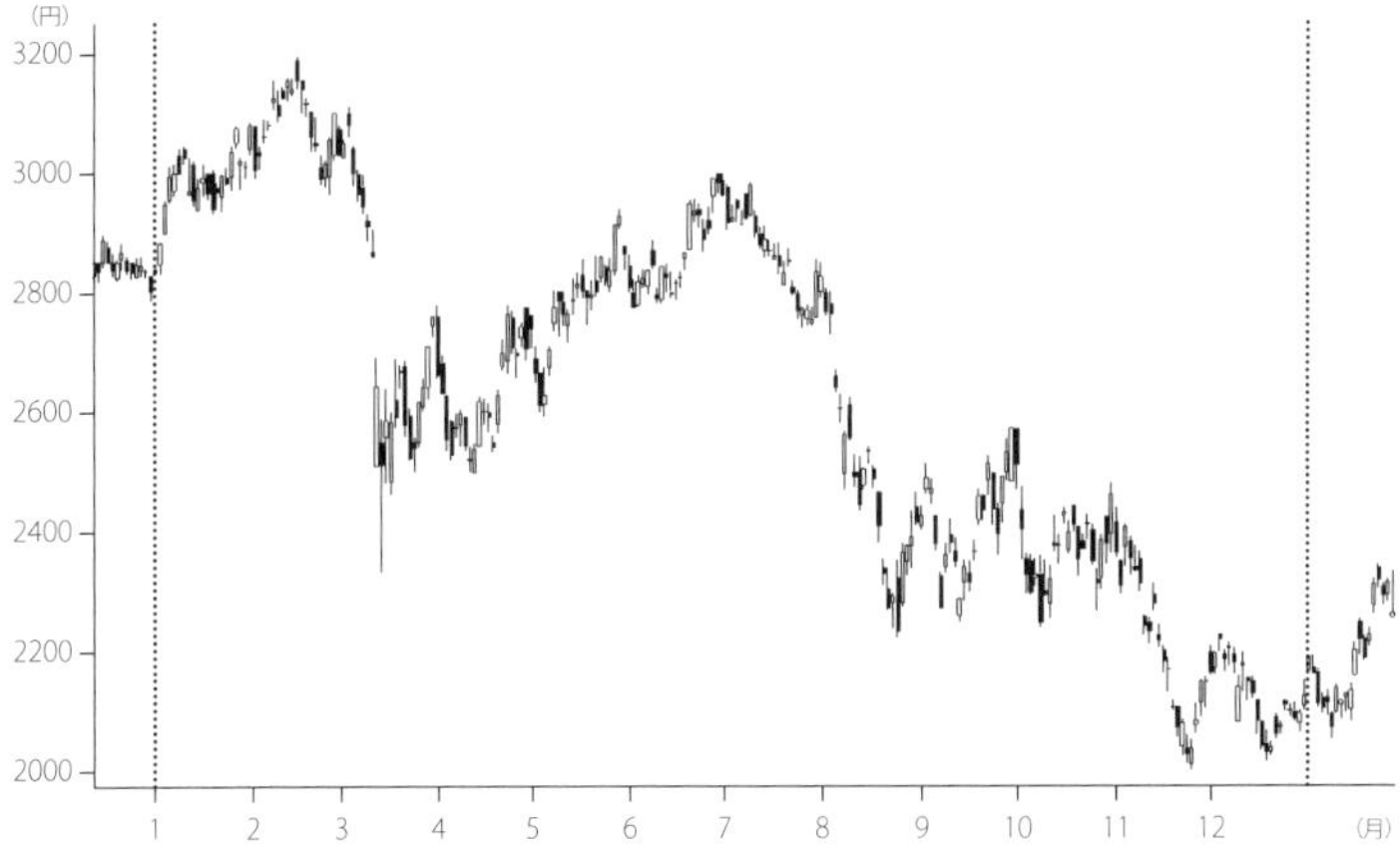

3〜4月頃に押し目をつけていったん反発して、その上げが年初の高値付近で上値を抑えられた後、振れ幅の大きな下降の流れへ入っていることがわかります。

その後、7〜9月の期間で下げが勢いづいて、下げ幅が大きくなっています。

## 個別銘柄でみた上げパターンの形

一方、**図表2―20〜図表2―27**は、2000年以降にデンソーが強気パターンの年になったときのチャートです。

2002年、2003年、2004年、2005年、2006年、2009年、2012年、2013年の8回が、年初よりも年末の値位置が高くなっています（多少の高低があっても近い値位置の場合は横ばいと判断しています）。

それぞれ違う形の上昇の仕方のようにみえますが、時期を区切って考えると、値動きの傾向がみえてきます。

強気パターンの年になるときは、1〜3月の期間で上げ幅の伴った動きがあらわれて、

図表2-20 ◎ 2002年のデンソーの株価の推移

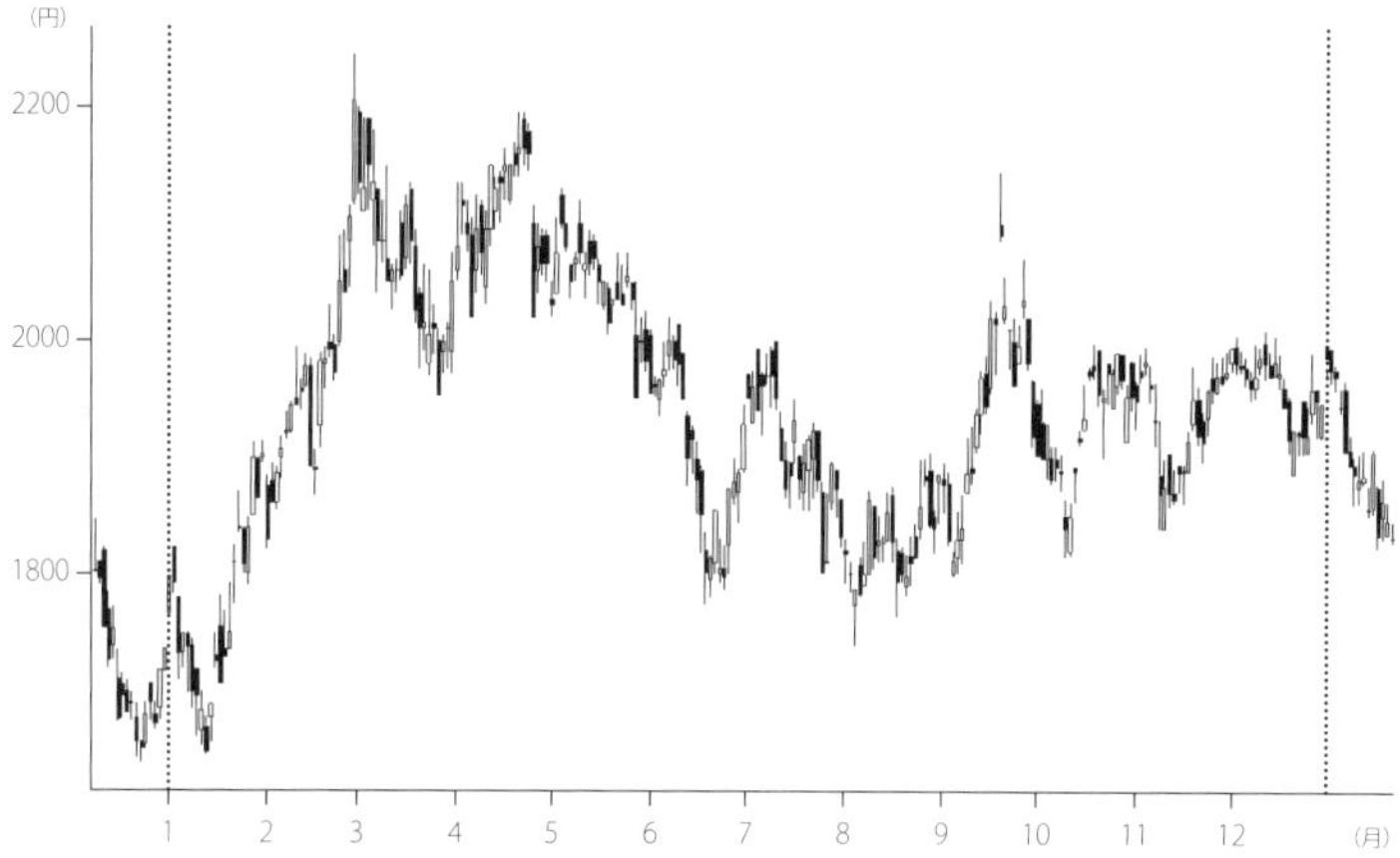


図表2-21 ◎ 2003年のデンソーの株価の推移

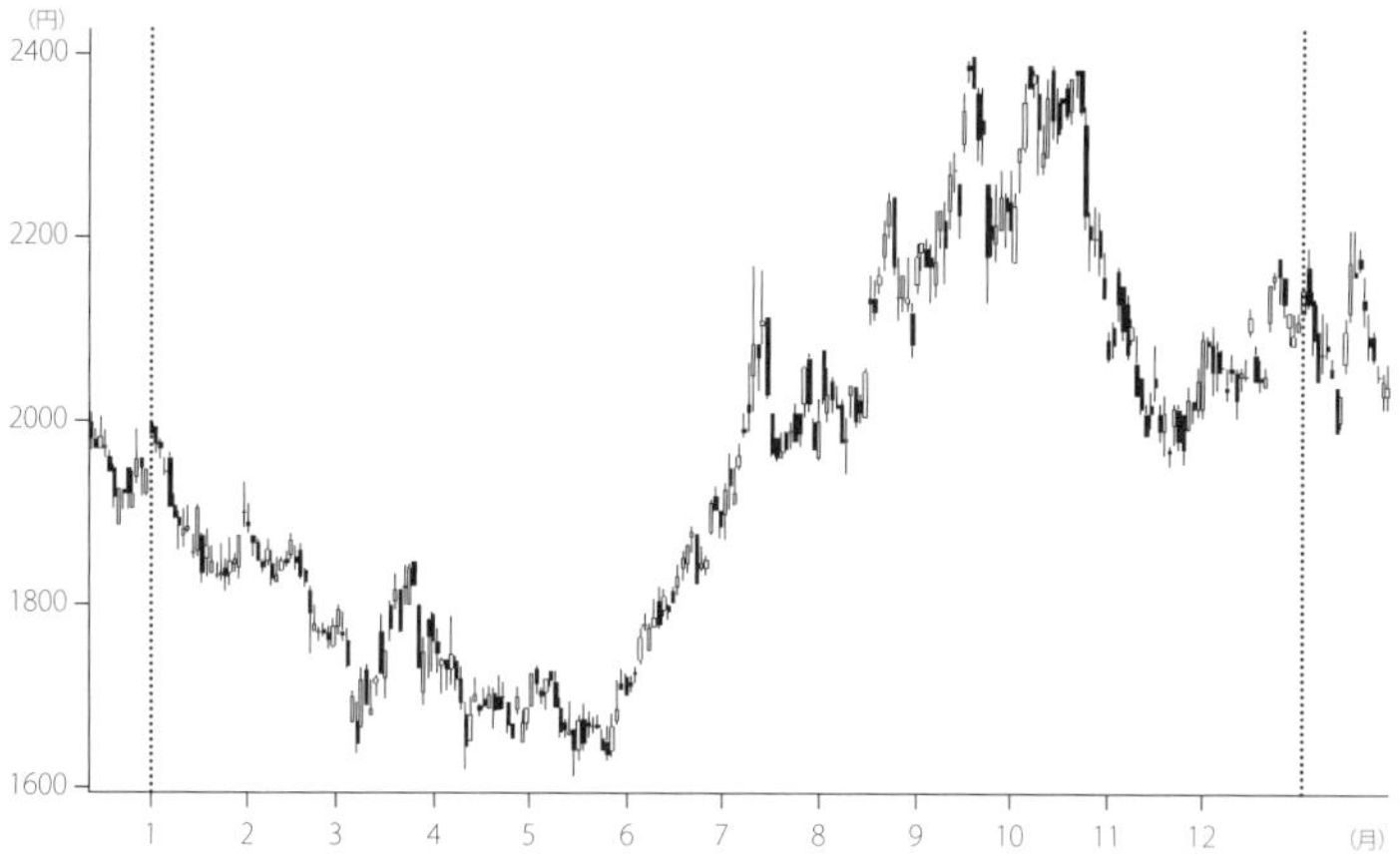

## 図表2-22 ● 2004年のデンソーの株価の推移

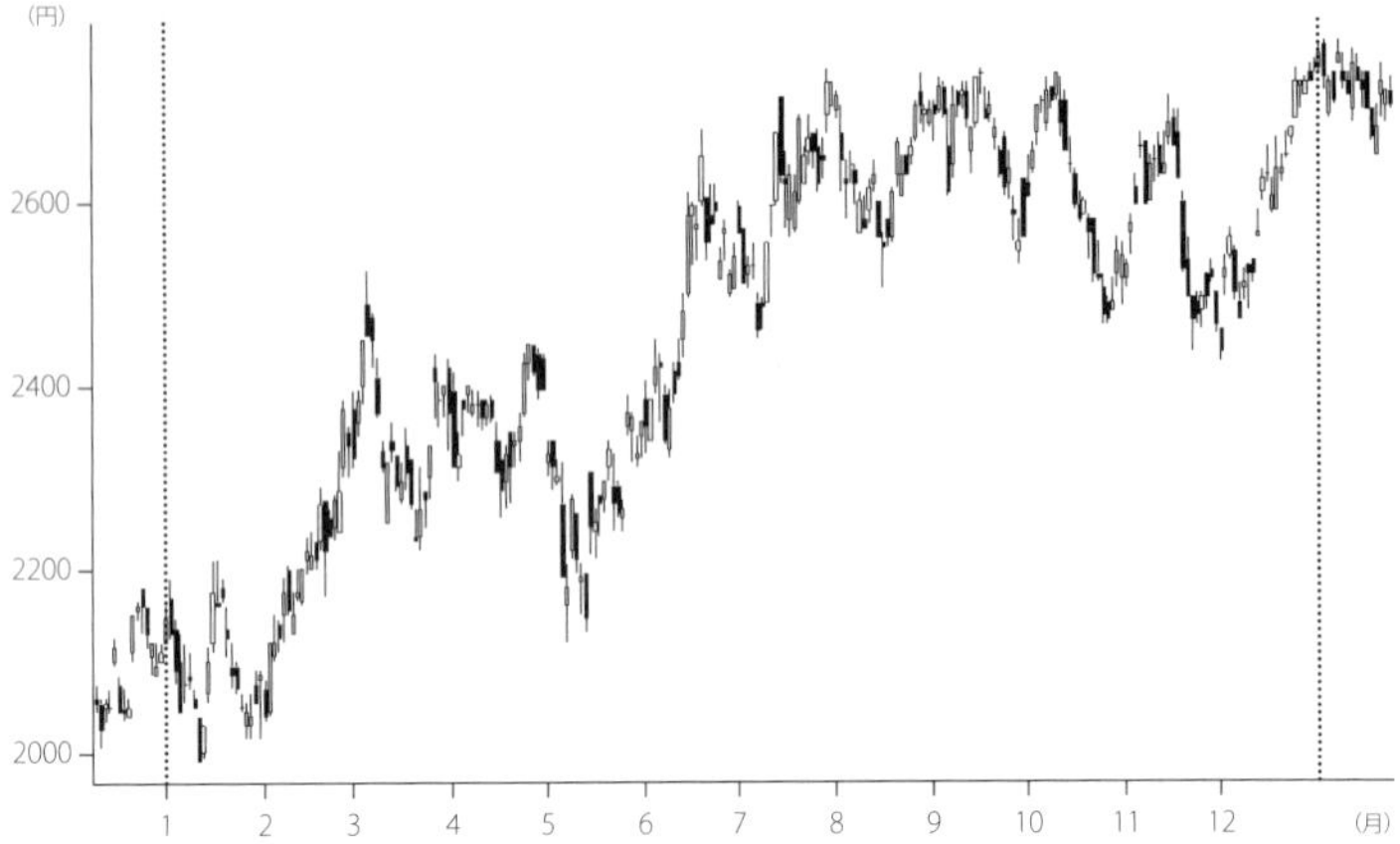


## 図表2-23 ● 2005年のデンソーの株価の推移

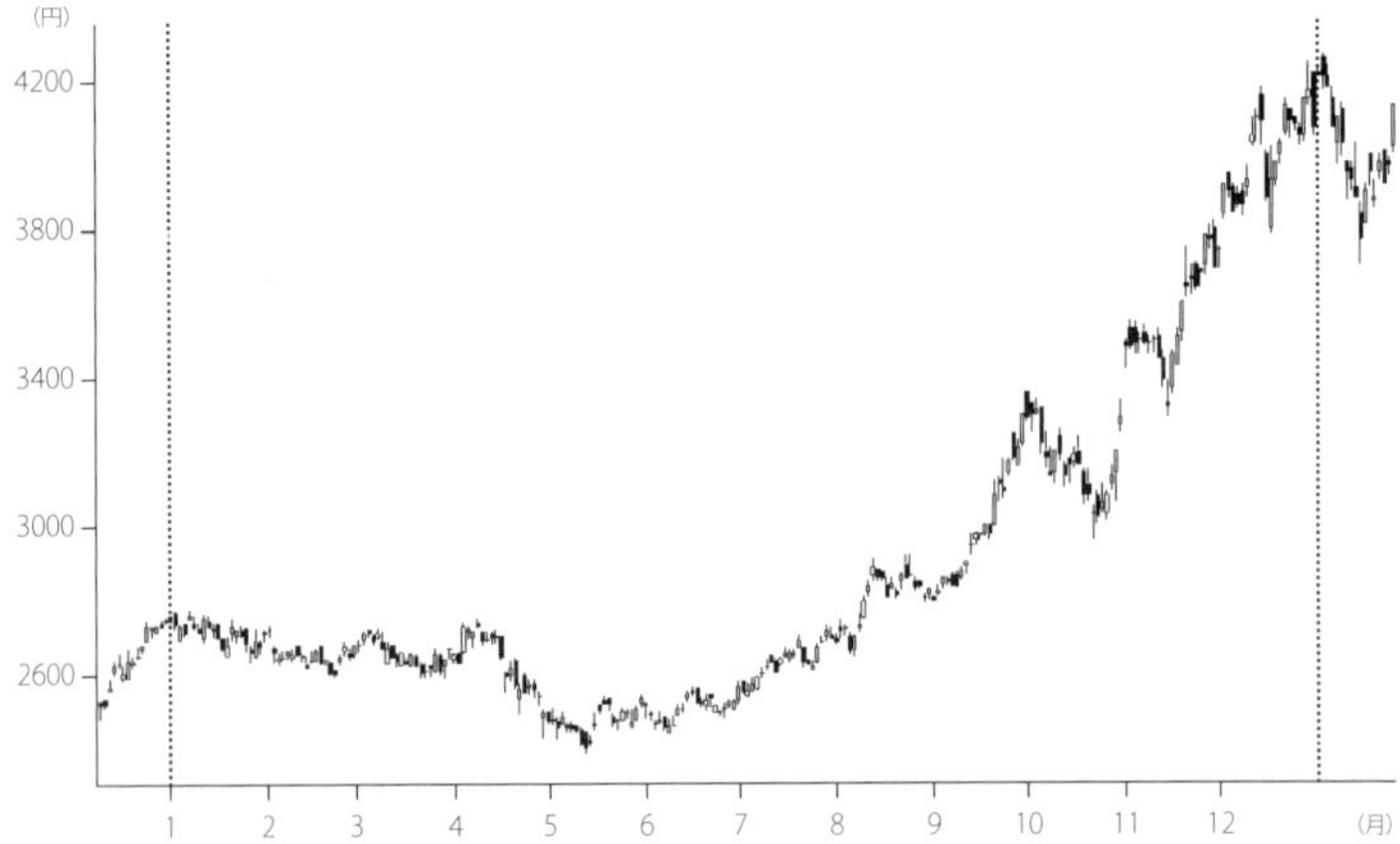

## 図表2-24 ◎ 2006年のデンソーの株価の推移

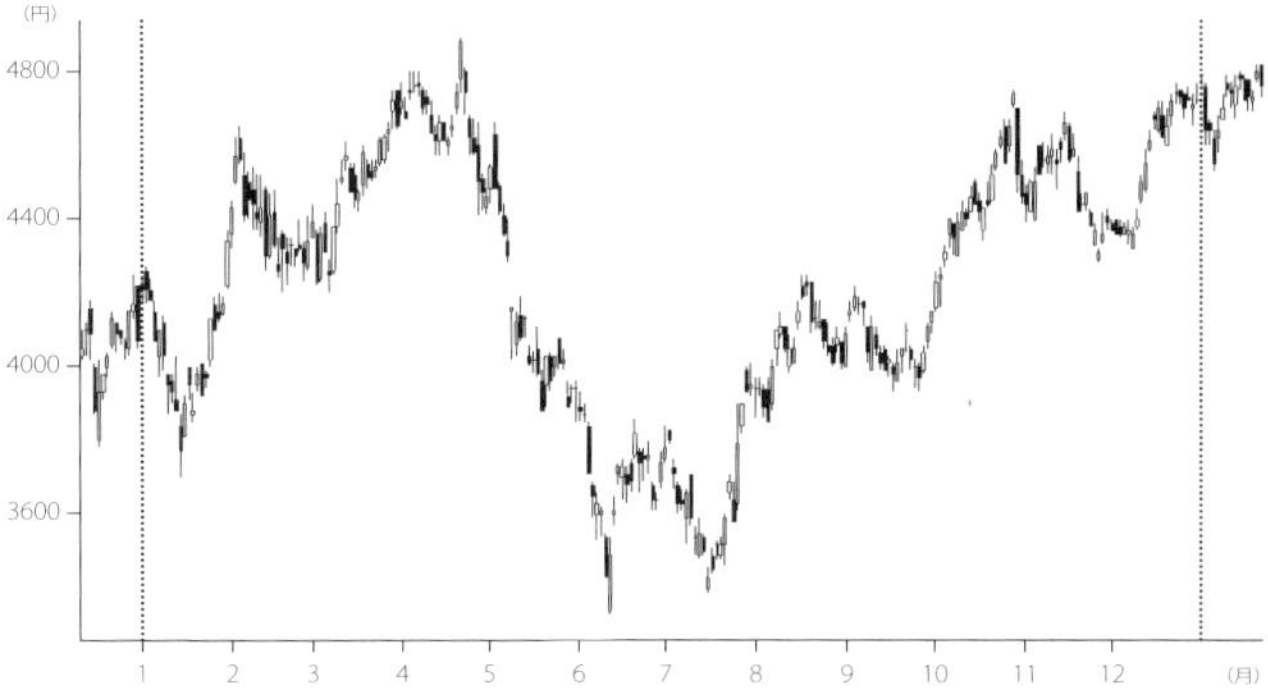


## 図表2-25 ◎ 2009年のデンソーの株価の推移

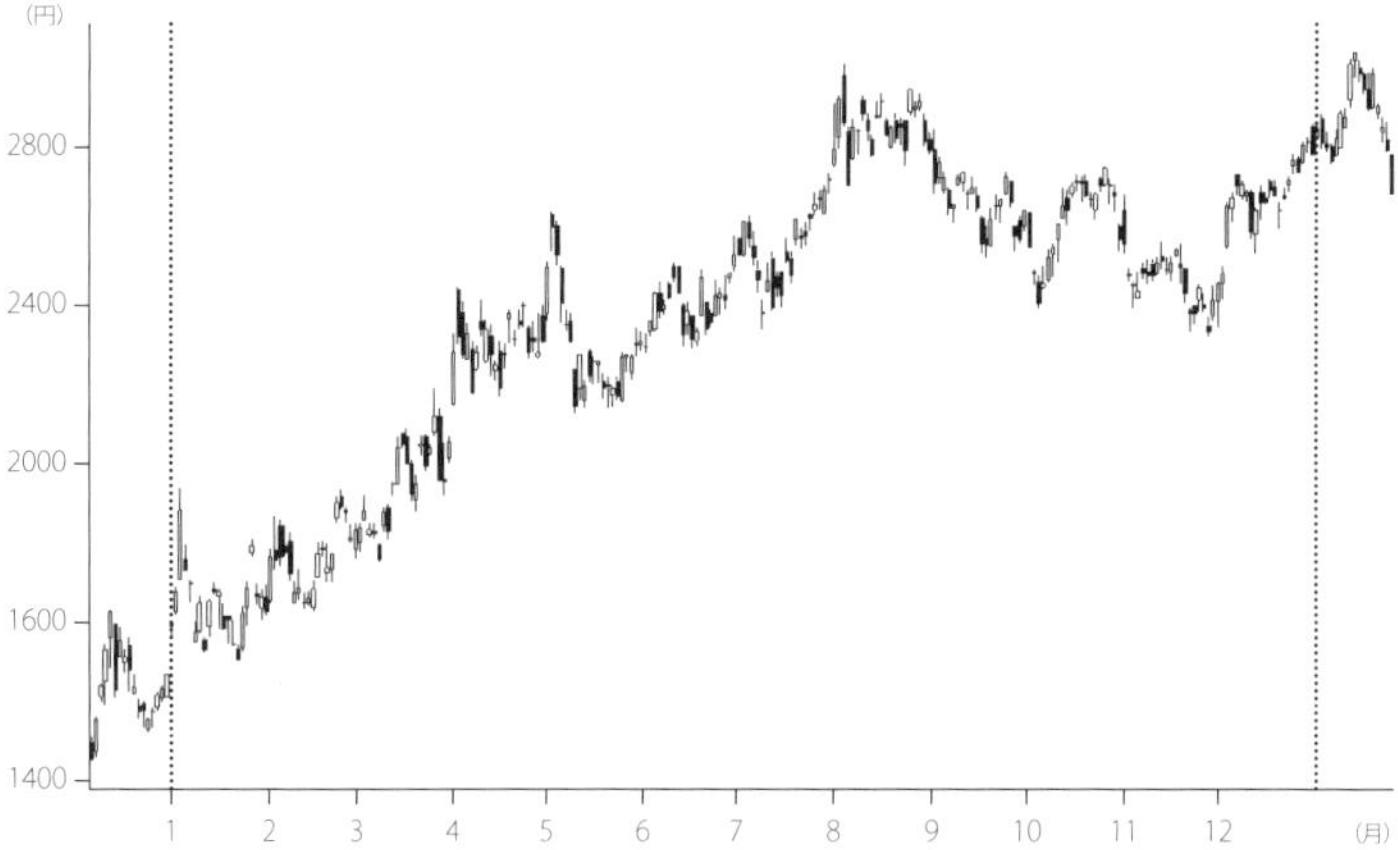

図表2-26 ◉ 2012年のデンソーの株価の推移

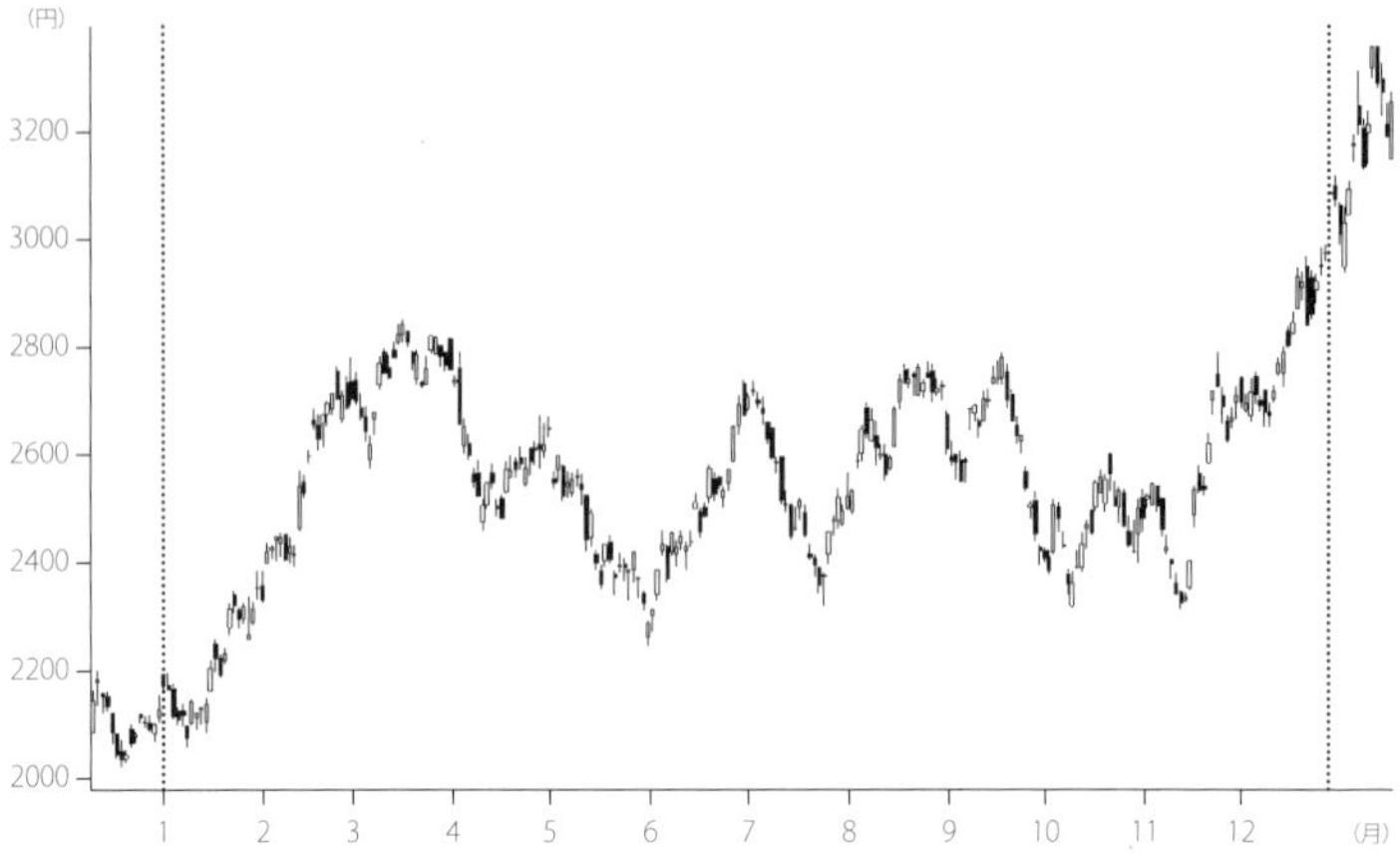


図表2-27 ◉ 2013年のデンソーの株価の推移

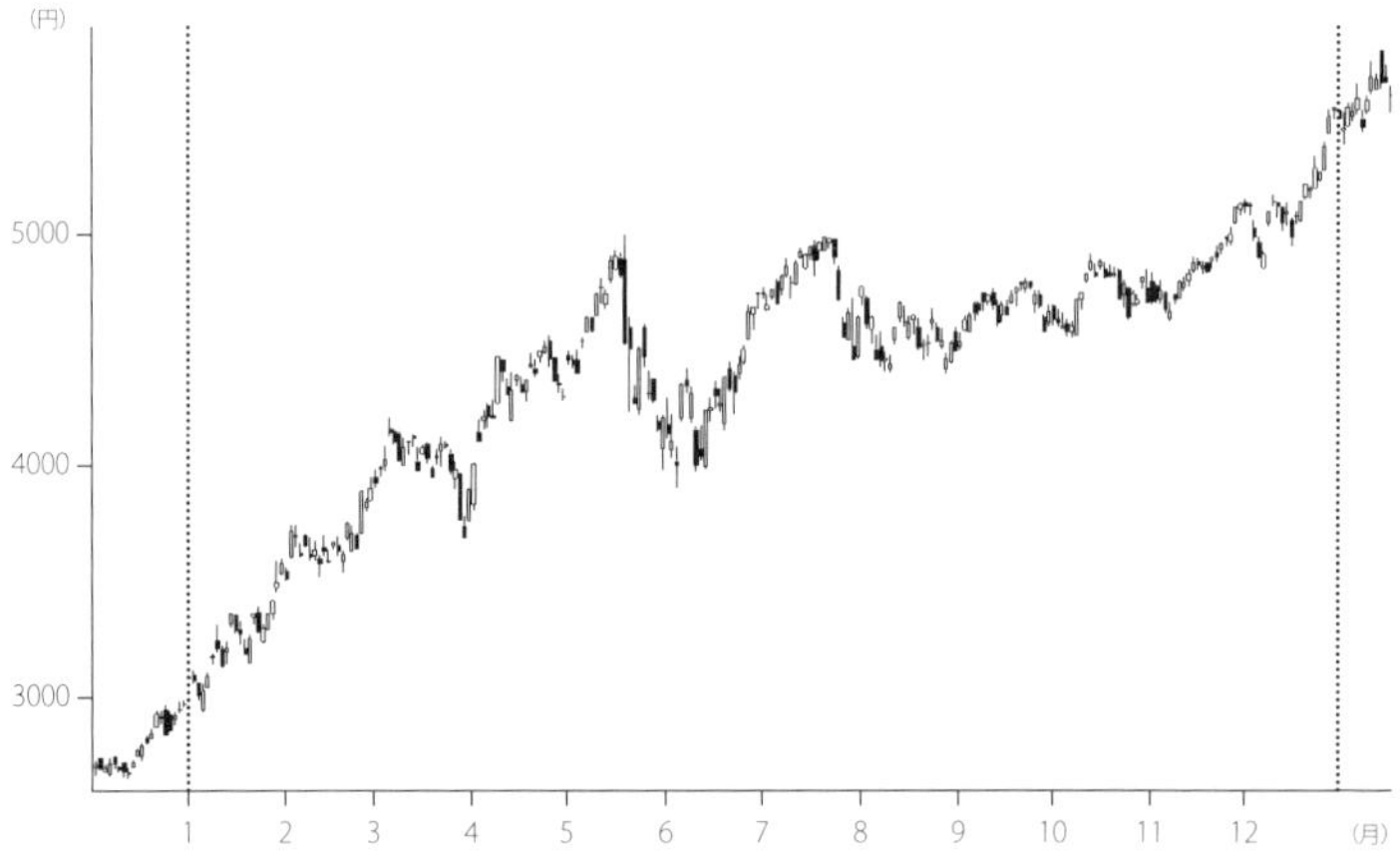

その後、下げない展開になっているか、4～5月にかけて押し目をつけた後、上昇を開始する展開になっているか、のどちらかの形になっています。

4～5月にかけて押し目をつける年は、5月までの値動きが弱気パターンの年と同じですが、下げ幅の大きくなりやすい6月以降に価格が下げないことで、強気パターンの年になる（横ばい、転換パターンの可能性を残す）と判断することができます。

## 株を買うのにいちばんいい基本的なタイミングは？

このようにみれば、デンソーの1年間のなかでの動きの特徴は、おおまかに以下のように整理できます。

- **3月頃までに価格が比較的大きく上昇して、4～5月にかけて価格が上げ分のすべてを押し戻されなければ、その年が強気パターンの年になる**
- **4～5月にかけて下げた後の上げが年初の高値を超えるなら、その年が強気パターンの年になる**

という見方ができます。

したがって、このケースでは、4~5月の押し目、6~9月頃に価格が下げない動きを確認した後の押し目が年間を通じて最も良い買い場になっていることがわかります。

4月、5月の買いの後、すぐに価格が年初の高値を超える上げがあらわれなければ、②の弱気パターンの年になる可能性が出てくるので、6月以降に損にならない地点で手仕舞いすればいいのです。

また、6月以降の押し目買いは、翌年の前半まで、下値を掘り下げない限り上昇する可能性を残します。

Section
# 2-4 上昇しやすい時期、下降しやすい時期をデータで裏付けてみる

## 月ごとの陽線確率はどうなっているか？

1年間の値動きの基本的なパターンから売買のタイミングをみてきましたが、それについてデータで検証してみましょう。

資金循環による傾向は、毎年同じ時期に必ずあらわれる動きです。それにもかかわらず、毎年、必ず上がっている、下がっているわけではないようにみえる理由は、前述したとおり、強気パターンの年、弱気パターンの年、横ばいパターンの年という違いにより、同じ上げやすい時期、下げやすい時期でも、価格の振れ方が異なるからです。

1年間のなかで、価格がどのように動く傾向にあるのかは、月ごとの価格が陽線で引け

ているか、陰線で引けているかを調べると簡単にわかります。

実際に、1950年から2013年までの日経平均株価の1月から12月までの月足が陽線引けした確率（以下、陽線確率）を調べると、その結果は次のようになります。

- 1月…67・2％
- 2月…57・8％
- 3月…57・8％
- 4月…64・1％
- 5月…45・3％
- 6月…65・6％
- 7月…48・4％
- 8月…54・0％
- 9月…46・9％
- 10月…53・1％
- 11月…56・3％
- 12月…60・9％

図表2―28は、その間の日経平均株価月足の推移です。

　1950年から1989年まで、価格が上がり続けていることがわかります。計算期間中の上昇期間が長い分だけ、下げ傾向のある時期でも、価格が上値重く推移しているだけで、月足が結果として陽線引けする動きになっていることがあり、下方への偏りがあまりみられません。

　このデータをみると、陽線確率が50%以下となっているのは5月（45・3%）、7月（48・4%）、9月（46・9%）となっていて、下げているか、上値重く推移していたことが多かったということが推測できます。

　また、上げやすい時期は、1月、4月、

図表2-28 ● 1950年から2013年までの日経平均の推移

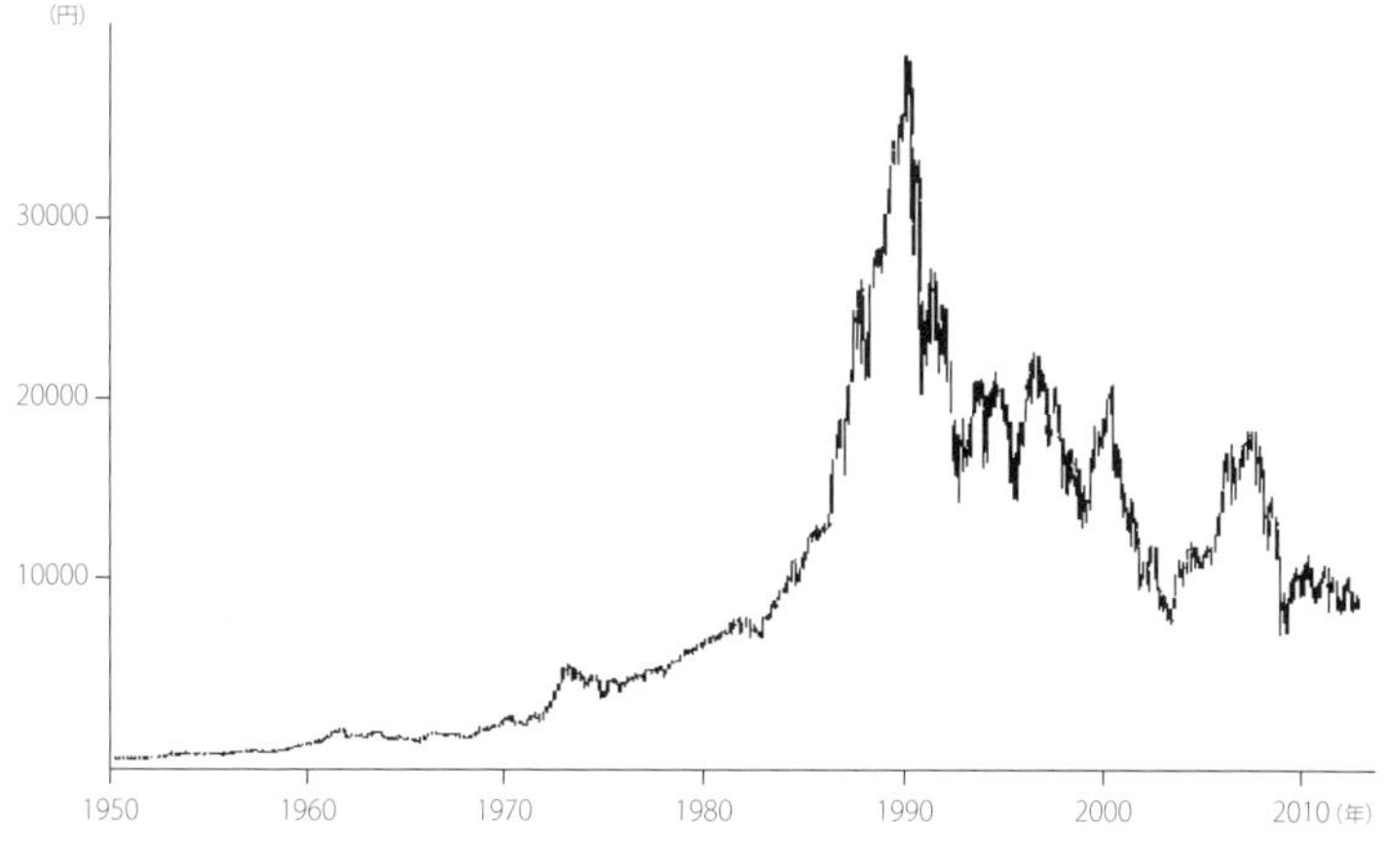

6月、12月となっています。
陽線確率からは、強気パターンの年、弱気パターンの年にかかわらず、だいたい年末から年初にかけて上昇を開始して、その上げが4月、6月頃まで継続し、その後、10月頃まで上値を抑えられる展開になっているということが推測できます。

## 月ごとの陽線確率をさらに詳しくみると…

前項で取り上げたデータを、年間の価格が上昇している年と、下降している年で分けてみると、年間の動き方がさらにはっきりします。

図表2-29 ● 年足が陽線の年の月足の推移

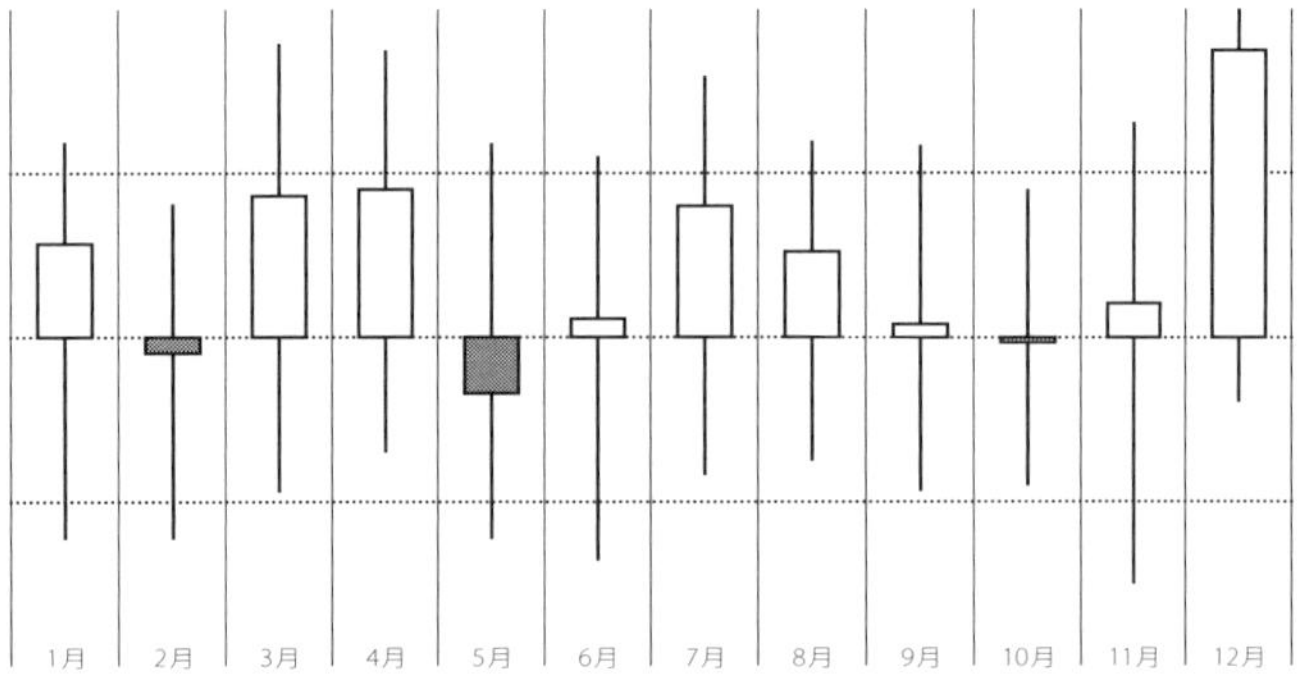

**図表2―29**は、年初よりも年末の値位置が高い年の日経平均株価の月ごとの動き方を示しています。

陽線は価格が上昇していることが多い月、陰線が下降していることが多い月を示しています。陰陽の値幅の大きさは、その方向への動きやすさを示しています。

**年間が上方向へ推移している年は、年初から4月頃まで上昇の流れをつくり、その後、いったん上値を抑えられた後、上昇を再開し、9月、10月と上値重い動きを経過した後、年末へ向けて再度上値を試す流れへ入る**という展開になっていることがわかります。

**図表2―30**は、年初よりも年末の値位置が低い年の日経平均株価の月ごとの動

図表2-30 ● 年足が陰線の年の月足の推移

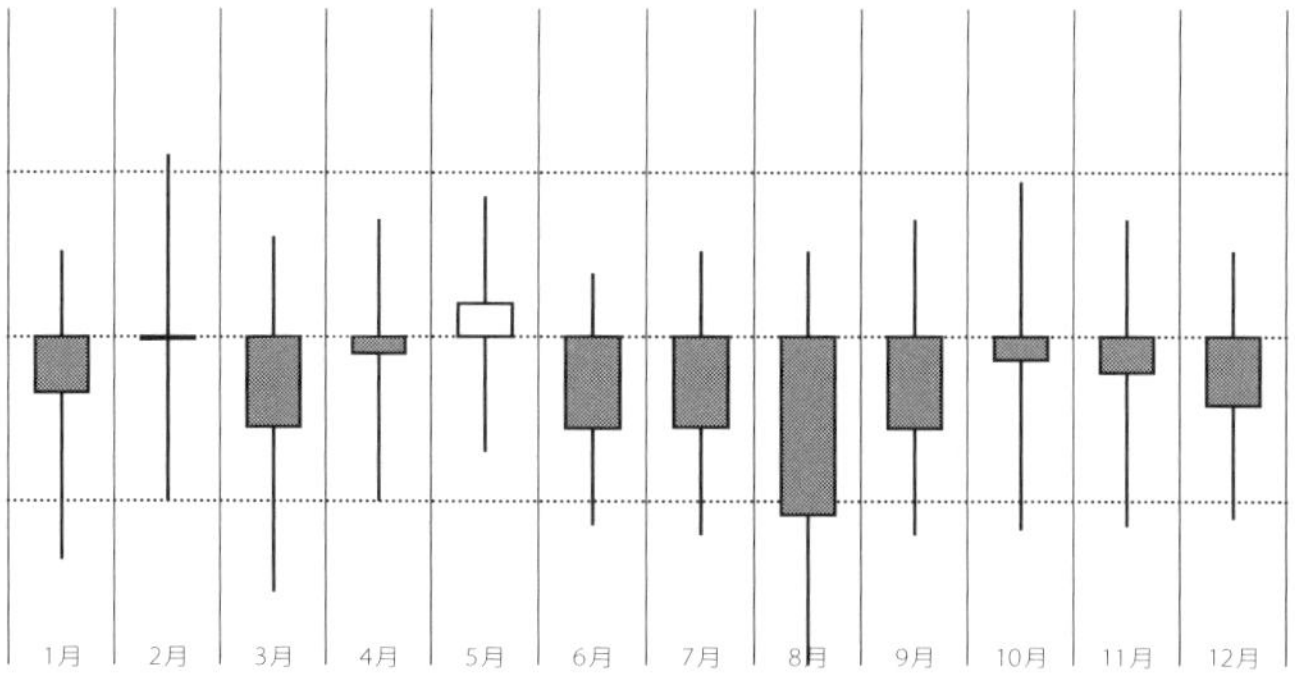

き方を示しています。

**年間が下方向へ推移している年は、年初から年末まで上値重いものの、年初から5月頃までは、価格が下げても下値を支えられることが多く、6月以降に下げ幅が大きな動きがあらわれやすくなっています。また、10月以降は上下どちらへも振れやすい展開になっています。**この動き方をみると、10月頃までに下値の限界を試す動きを経過した後、その後、ジグザグに戻せば売られる動きになっていることが多いと推測できます。

Section

# 2-5 年間の高値と安値をつける時期は決まっている

## 「3～5月、年末に向けた動き」が重要

**図表2―31**は、日経平均株価の月ごとの変動幅の平均値を示しています。

上の線は、上方向へどの程度の上げ幅があったのかを示しています。下の線は、下方向へどの程度の下げ幅があったのかを示しています。

これをみると、3月、4月、5月、12月に上げ方向に振れ幅が大きくなりやすく、3月、8月、11月に下げ方向に振れ幅が大きくなりやすいことがわかります。

前述した日経平均株価の陽線確率と合わせて考えると、「その年の強弱にかかわらず、4月と12月は価格が上げやすく、上げ方向への振れ幅が大きくなりやすい」という傾向が

あることがわかります。

また、9月は、上値を抑えられやすい月ですが、その9月を前にして、8月が9月の下げを織り込む格好で下げ幅が大きくなっている可能性があることがわかります（ちなみに、リーマンショックで急落して下げ幅を拡大したのは9月、10月です）。

価格は、市場参加者が同調してくれる共通の認識のあるとき、一気に動意づいて目標とする場所を目指すという動き方をすると述べました。

ここまでの検証によれば、**その時期は、日経平均株価の場合、「3～5月、年末に向けた動き」である**ことがわかります。

このような時期につける高値は、共通の認識のなかで、いっせいに目指すべき

図表2-31 ● 日経平均の月ごとの変動幅の平均値

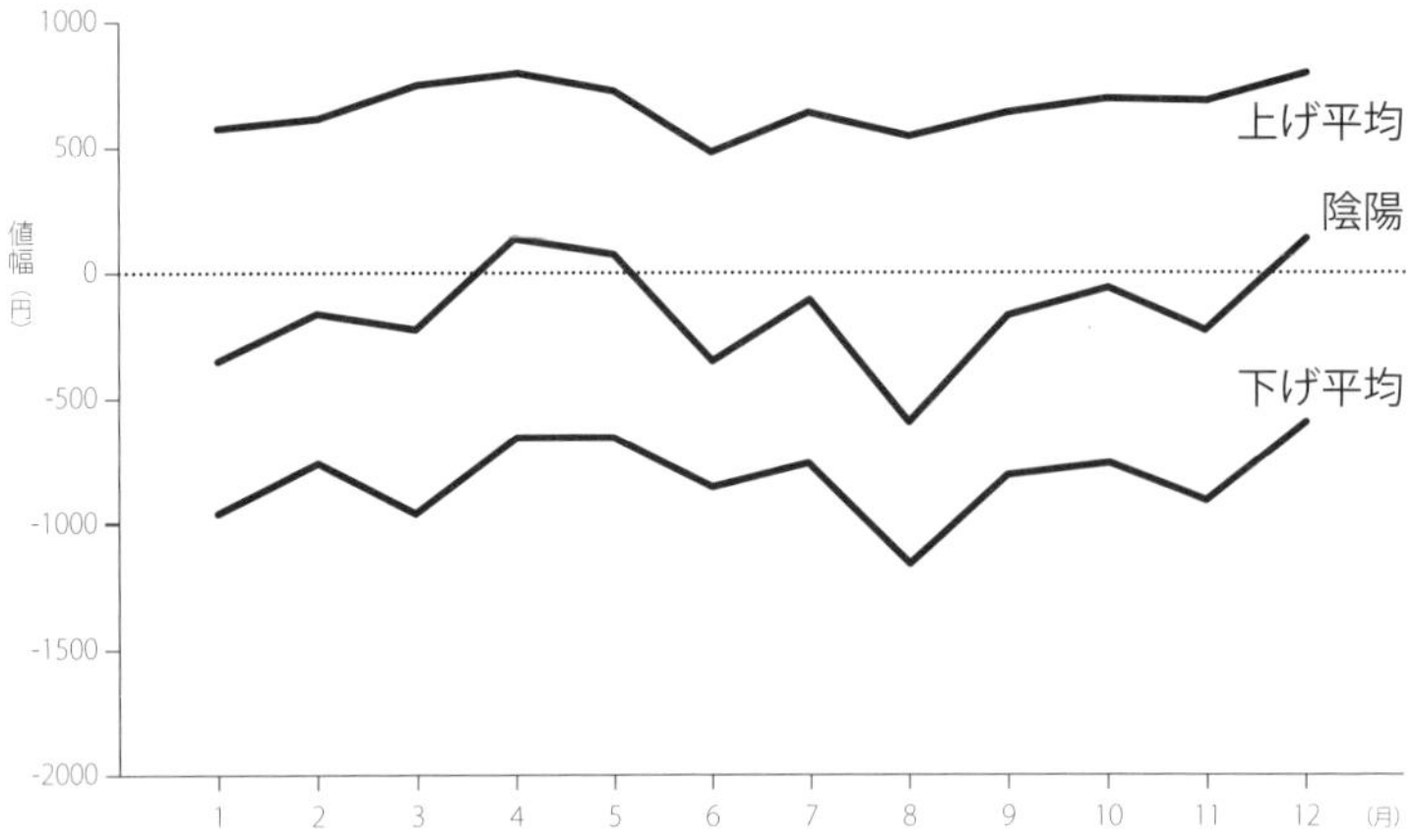

場所をすり合わせながらつけているので、その後の市場参加者が強く意識される水準になります。

たとえば、この上げるべき時期に、価格が想定した上げ場面を経過せずに上値を強く抑えられた高値を6月までにつけるのであれば、その後、それ以上の水準を積極的に仕掛けられなくなるので、十分な値幅の上げを想定できる地点まで、6月以降の価格が下げることになると言い換えることもできます。

## 年足が陽線だった年のピークの時期は？

**図表2―32**は、1989年から2013年の期間（バブル以前の一本調子の上げ期間を除く）で、日経平均株価が年足で陽線（年初よりも年末の値位置が高い）だった年の年間の最高値、最安値をつけた月を示しています。図中の数値は、最高値、最安値をつけた割合です。

価格が上昇するか、下値堅く推移する年は、年間の最安値を4月までにつける割合が66%となっています。**年足が陽線の年は、だいたい4月までに年間の最安値をつけているこ**

とがわかります。そしてその3分の1は、1月に最安値をつけています。

一方で、**年足が陽線の年は、年間の最高値は、8～12月の期間でつけているこ**とがわかります。

年間の価格が下値堅く推移するか、上昇する場合、「4月頃までに年間の最安値をつけて、その後、上昇を年末頃まで継続する」なかで、想定される振れ幅を経過する展開になっているということです。

最高値、最安値をつけている期間の幅がありすぎるのではないかと考える方もいると思いますが、実際のチャートと合わせてみれば、表示されている範囲よりも期間が狭まります。

図表2-32 ● 年足が陽線の年はいつ最高値と最安値をつけているのか？

| | 1月 | 2月 | 3月 | 4月 | 5月 | 6月 | 7月 | 8月 | 9月 | 10月 | 11月 | 12月 |
|---|---|---|---|---|---|---|---|---|---|---|---|---|
| 年間最高値 | 0% | 0% | 0% | 16% | 0% | 8% | 0% | 8% | 8% | 8% | 8% | **41%** |
| 年間最安値 | **33%** | 8% | 8% | 16% | 0% | 16% | 8% | 0% | 0% | 0% | 8% | 0% |

前年からの下降の流れを年初に継続している翌年、前年からの上昇の流れを継続している翌年、前年末に底入れ型を形成する展開になっていた翌年など、「前年からの流れ」と合わせて推測すれば、1月から4月までの期間のなかの、いつ頃に底値、押し目をつけるかがみえてきます。

また、1月の動きを経過すれば、1月の安値が年間の最安値になるか否かの推測ができる状況になるはずです。

## 年足が陰線だった年のピークの時期は？

**図表2―33**は、日経平均株価が年足で陰線（年初よりも年末の値位置が低い）だった年の年間の最高値、最安値をつけた月を示しています。図中の数値は、最高値、最安値をつけた割合です。

価格が下降するか、上値重く推移する年、つまり**年足が陰線の年は、年間の最高値は、必ず1～6月までの期間でつけている**ことがわかります。

一方、**年足が陰線の年は、年間の最安値は、8～12月までの期間でつけている**ことがわかります。

年間の価格が上値重く推移するか、下降する場合、「6月頃までに年間の最高値をつけて、その後、下降を年末頃まで継続する」なかで、想定される振れ幅を経過する展開になっているということです。

このことから、たとえば「6月を過ぎても高値を更新する年は、弱気の流れをつくる年ではなく、年末に向けて上昇の流れを継続する可能性が大きい」という見方ができます。逆に、「4月を過ぎても下値を掘り下げる年は、その後の価格が年末へ向けて上昇せず、年末へ向けて

図表2-33 ● 年足が陰線の年はいつ最高値と最安値をつけているのか？

| | 1月 | 2月 | 3月 | 4月 | 5月 | 6月 | 7月 | 8月 | 9月 | 10月 | 11月 | 12月 |
|---|---|---|---|---|---|---|---|---|---|---|---|---|
| 年間最高値 | **30%** | 15% | 7% | 15% | 15% | 15% | 0% | 0% | 0% | 0% | 0% | 0% |
| 年間最安値 | 0% | 0% | 0% | 0% | 0% | 0% | 0% | 7% | 15% | 30% | 15% | **30%** |

下値を掘り下げる流れをつくる可能性が大きい」という見方ができます。

## 1年間のシナリオを描くために必要な要素

ここまでをまとめると、1年間の株価には、

- **少なくともこの程度まで動くという値幅があること**
- **その振れ幅を決まった時期に取りにいくこと**
- **年間の最高値、最安値をつけている時期は決まっていること**

がわかりました。これに、

- **前年からの値動きの流れ**

を加えて判断すれば、かなりシナリオは絞られるはずです。

積極的な上昇の流れをつくった後は、その上げが一段落すれば、当然、価格が下がります。

前年の上げやすい年末に積極的な上昇を経過し、12月に高値の目安に到達したと判断で

きる場合、翌年1月以降はそれまでの上げ分の修正場面になる可能性が出てきます。

年初は、前年の動き方次第で、上昇、下降のどちらにも動意づきやすいので、翌年の年初の動きを推測する場合、前年末の展開にも注目します。

また、数年かけて上げ、下げの流れをつくっている場合、その年の変動幅や動き方は、全体の上値、下値の目標値を考慮する必要があります。

**ここでいうシナリオとは、上げになるか下げになるか、その幅が大きいのか小さいのかについて、「こうなるかもしれない」ではなく、「こうなるはずだ」と考えられるものでなければなりません。そして、そのシナリオは時間と節目を経過していくごとに選択肢を狭めながら、より精度が高まっていく形になります。**

Chapter 3

# 第3章

# 値動きのシナリオがあれば迷いなく投資できる

Section

# 3-1 「積極的な状態」のときだけに集中して投資しろ

## 値動きの背後にある参加者の思惑

投資資金には、金利や配当を目的としたものと、価格の変動で利益を得ようとするものがあります。

価格の変動で利益を得ることを目的としている資金が入っている市場、銘柄は、1年間の価格がほとんど動かないなどということはなく、**1年間で十分な利益を得られる程度の変動が必ずあります。**

**長期の流れは、需給の変化する時期しか、その流れが転換しません。**短期の市場参加者は、短い期間で利益を得る必要があり、利益を得るために多くの市場参加者が同調してくれる必要があるため、多くの市場参加者の共通の認識を持てる場所で流れができます。

**長期の流れは、目標とする場所を目指す過程で、多くの市場参加者がその方向へ進んでいるということを認識できるようなステップを経過します。**

短期の市場参加者が積極的になっているときは、短い期間で利益を得る必要があるため、一定の方向と反対の調整が、長い日柄の動きになりません。値動きの裏には、このような参加者の思惑があります。

このような背景を知っていれば、強者の弱点を攻めることができます。

## 「積極的な状態」にタイミングを絞る

毎年確実に利益を出すためには、こうした背景に起因する値動きの性質を理解しておく必要があります。

値動きには、「積極的な状態」と「時間待ちの状態」があります。この違いによって、みるべき場所や投資の仕方が変わります。

積極的な状態へ入ったら、市場参加者は、1円単位で損を出さないような動き方になり、他の市場参加者がそこに同調してくれるような値動きになります。価格が反転したときに値位置が気にされる展開となり、一定のパターンを形成します。

つまり、**積極的な状態に入ると、チャート分析によって、その後の価格がどういう動きになるかを予測できる状況になります。**

一方、**時間待ちの状態では、下がったら買われる、上がったら売られるという展開を繰り返します。**一定のリズムで動いているようにみえますが、その動きに明確なパターンはありません。市場参加者に同調を求める側がいないので、特定のパターンをつくる必要がないわけです。したがって、**時間待ちの状態では、チャート分析の世界で一般的にいわれている支持、抵抗が意識される状況にもなりません。**

積極的な状態は、これまで述べてきたように、特定の時期にあらわれて、年間の変動幅の大部分を取りにくる動きになります。

一方、時間待ちの状態は、積極的な状態のときに上がった分、下がった分を日柄か値幅で調整する動きになります。時間待ちの状態では、年間の高値、安値を更新する展開にはほとんどなりません（高値圏、安値圏でもみ合い、次の動きを待っている場面では小幅に高値、安値を更新することもあります）。

**図表3―1**は、２０１３年のＪＳＲ（４１８５）の日足です。

２０１３年は、１７００円から２３５０円まで、だいたい６５０円程度の値幅の動きがあります。この1年間の変動幅の大部分を取りにいっている時期は、４月から5月中旬までの１ヵ月半です。５月中旬から6月上旬までの約半月で、上げた分のすべてを戻し、その他の時期はジグザグです。

このような動き方は、２０１３年が特別だったわけではありません。

価格が上昇し上げ幅を拡大、その分を押し戻す下げ幅の拡大する時期は、年間を通じて数ヵ月しかありません。

その積極的な投資が行なわれる数ヵ月

図表3-1 ● 2013年のJSRの株価の推移

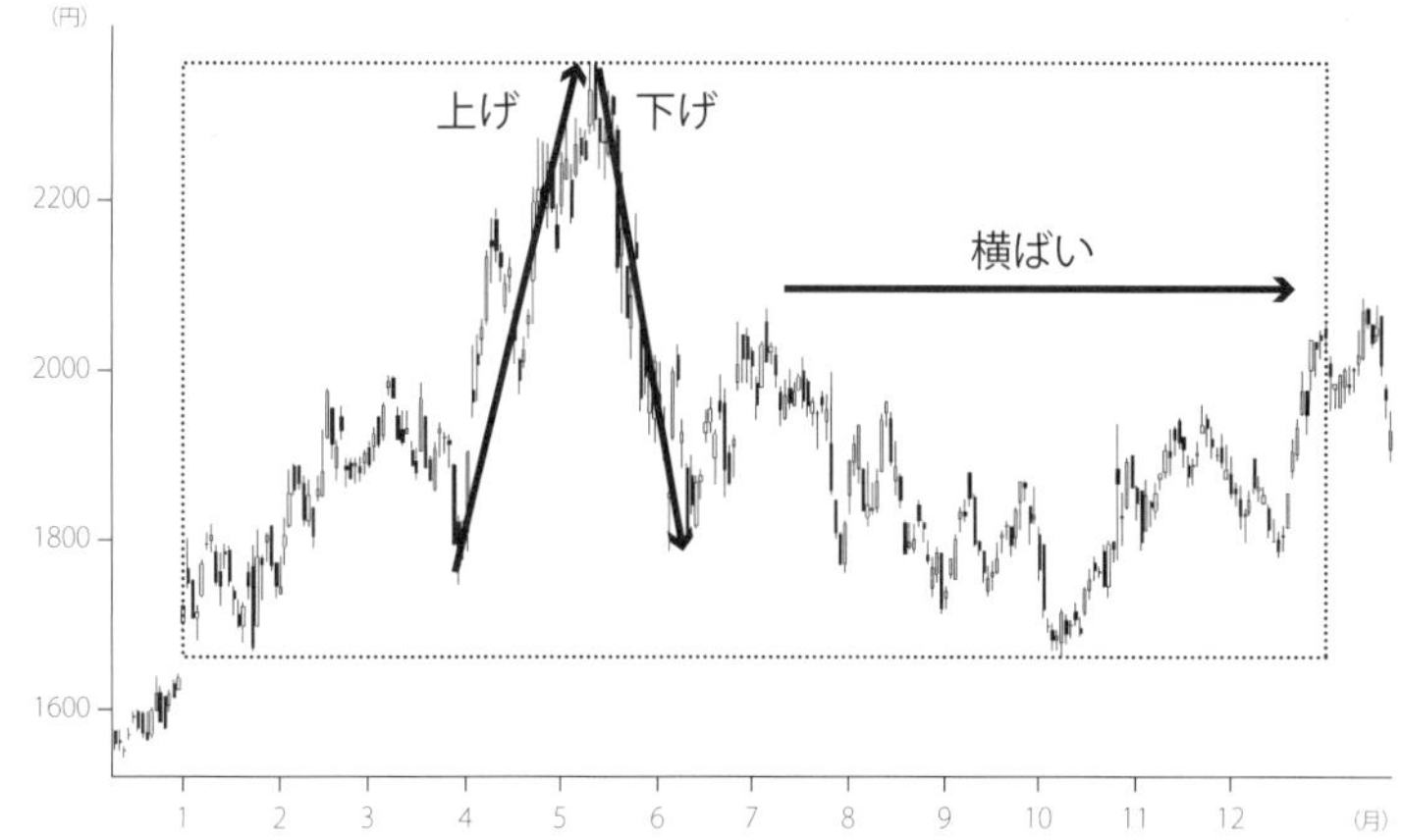

と、消極的な投資の行なわれる（積極的な期間の倍以上ある年が多い）時間待ちの期間とでは、投資の仕方が異なります。

筆者の経験則では、**時間待ちの状態で取引を繰り返しても、大きな利益を得られません**。時間待ちの状態では、支持や抵抗、値動きのパターンに何の意味もないので、価格の上下の変化を狙うというよりも、売買のテクニックで利益を得るよりほかありません。

**われわれが意識を集中して投資すべき場面、そして大幅な利益を狙う投資が成功する可能性が高い場面というのは、積極的な状態にあるときです**。少額の資金しか持っていない投資家は、年間で数ヵ月だけあらわれる、積極的な状態のときだけに投資し、あとは次の積極的な動きを待っていればいいのです。

Section 3-2

# 仕掛けるためのシナリオをつくる

## シナリオを描くための考え方

積極的な場面に集中して投資する場合、どういうやり方をすればよいのでしょうか。

毎年、一定の時期に積極的な場面が、想定されるシナリオのうちのいずれかの形であらわれる可能性が高いわけです。ですから、そこでは自分が描いたシナリオに基づいて、確信を持って投資することが大切です。ここからは、市場参加者の特性、値動きの特性を考えたシナリオの描き方を紹介します。

まず、「将来のことなどわからないのだから、値動きを予想しても、そのとおりになるかはわからない」という考え方を捨ててください。

「価格の動きで利益を得ている投資家が参加している市場では、価格に一定の値幅の動きが必ずあるものだ」と考えるということを第2章で紹介しました。

そういう前提に立った場合、将来の値動きについて、はっきりとわかることがあります。

それは、「上がるべき時期に、価格が上昇するはずだ」ということです。また、「上がるべき時期に価格が上昇しなければ、その値位置が高いと市場参加者に判断されているのだ」ということもはっきりします。

考え方を変えるだけで、明確にわかることが出てきました。

そして、大勢の方向をつくる需給（資金の増減）は、決まった時期にしか変化しないと書きました。言い換えると、1年に1度か2度は、大勢の方向をつくる需給が変化する可能性があるということです。

このことから、「シナリオを描く期間は、最大でも1年を超えられない」ということがわかります。なぜなら、大勢の方向を変える需給が変化する時期よりも先のことを、正確に予測することなどできないのです。

そのうえで、値動きについてわかっていることをすべておさらいしておきましょう。

### ●値動きで利益を得ている投資家が参加している市場では、1年間で一定の値幅の動きが

必ずあらわれる

- 1年間の変動幅には基準がある
- 大勢の流れをつくる需給は、決まった時期にしか変化しない
- 価格は、資金循環の都合、市場参加者の都合から、上がるべき時期に上昇して、下がるべき時期に下降する
- 上がるべき時期に上昇しなければ、買わなければならない事情のある人たちが積極的になっていないため、その値位置が高いか、需給が緩和状態となっている
- 下がるべき時期に下降しなければ、その値位置が低いか、需給が緊張状態となっている
- 短期の市場参加者が積極的になっている状況では、共通の認識のなかで動く（一定のパターンができやすい）
- 短期の市場参加者は、条件が整っている時期に積極的な行動を起こす

これらを前提としたうえで、1年間のシナリオを描く方法を解説していきます。

## 1年間の変動幅をどうシナリオに反映させるか

**図表3―2**は、第2章で取り上げたデンソーの1985年から2013年までの年間の変動幅を示しています。

1年間の変動幅は、320円から3350円までまちまちです。400円以下となった1985年と1992年は、高値が1500円以下の値位置となっています。高値が1500円以下の値位置となった年は、1985年から2013年までの期間で、この2回だけです。したがって、価格が1500円以上へ位置している、あるいは1500円以上になる可能性がある年は、少なくとも400円以上、通常なら500円以上の値動きがあると推測できます。

また、安値が2500円以上だった年は、2006年、2007年、2013年ですが、これらの年は1000円以上の振れ幅があります。したがって、安値が2500円以上になりそうな年は、少なくとも1000円幅以上の変動があると考えておくことができます。

この「1年間の変動幅の基準」を知っているだけでも、「相場はどうなるかわからないが、なんとなく上げそうだから買う」といった素人の取引から、「ことしの価格が上げるなら、いまの値位置から1000円の上げ幅があるから買う」というプロを出し抜いた取引に変わります。

価格がどれだけ動くか否か、収益がどの程度になるかが、自分の思惑主体から、客観的なシナリオ主体になっているのがわかるでしょうか。この考え方の違いがわかるようになると、投資期間中、必ず振り回される〝迷い〟がなくなります。

**値動きで利益を得ている市場参加者（プロ）が入っている投資先は、1年間に**

図表3-2 ● 1985年から2013年までのデンソーの年間の変動幅

| 年 | 高値 | 安値 | 年間振れ幅 500円以下 | 年間振れ幅 501～999円 | 年間振れ幅 1000円以上 |
|---|---|---|---|---|---|
| 1985 | 1480 | 1150 | 330 | | |
| 1986 | 1830 | 1160 | | 670 | |
| 1987 | 1930 | 1100 | | 830 | |
| 1988 | 2250 | 1480 | | 770 | |
| 1989 | 2720 | 1860 | | 860 | |
| 1990 | 2540 | 1550 | | 990 | |
| 1991 | 1820 | 1250 | | 570 | |
| 1992 | 1530 | 1210 | 320 | | |
| 1993 | 1830 | 1400 | 430 | | |
| 1994 | 2130 | 1610 | | 520 | |
| 1995 | 2100 | 1450 | | 650 | |
| 1996 | 2800 | 1950 | | 850 | |
| 1997 | 3280 | 2080 | | | 1200 |
| 1998 | 2800 | 1820 | | 980 | |
| 1999 | 2700 | 1911 | | 789 | |
| 2000 | 2780 | 1991 | | 789 | |
| 2001 | 2595 | 1535 | | | 1060 |
| 2002 | 2245 | 1645 | | 600 | |
| 2003 | 2400 | 1612 | | 788 | |
| 2004 | 2755 | 1990 | | 765 | |
| 2005 | 4250 | 2385 | | | 1865 |
| 2006 | 4890 | 3330 | | | 1560 |
| 2007 | 4940 | 3820 | | | 1120 |
| 2008 | 4600 | 1250 | | | 3350 |
| 2009 | 3010 | 1505 | | | 1505 |
| 2010 | 3040 | 2246 | | 794 | |
| 2011 | 3195 | 2001 | | | 1194 |
| 2012 | 2989 | 2053 | | 936 | |
| 2013 | 5550 | 2937 | | | 2613 |

**最低限動かなければいけない値幅があり、その値幅の動きがある時期が決まっています。みなさんは、それが上げ方向になるか、下げ方向になるかの予測シナリオをつくっておけばいいだけです。**自分の予測した方向が間違っていなければ、「今後の価格は、少なくともいくらの値位置に必ずなる」という考え方ができます。

「もしかしてそうならないのではないか」と迷う場面はありません。「そうならないかもしれないから、少しでも利益を確定しておこう」などというセコい考えで失敗した経験のある方は多いことでしょう。しかし、シナリオを描き、考え方を改めれば、そういう失敗をすることがなくなるのです。シナリオのとおりにならなければ、少額の負けを受け入れてやめるだけです。

そもそも、少額の資金しか持っていない投資家は、圧倒的に不利な立場での戦いを余儀なくされているのですから、そのときに少しの利益を得られたとしても、そんなものはすぐになくなってしまいます。少額の資金しか持っていない投資家は、1年間に訪れる複数回の投資チャンスのなかで、「そのどれかが当たっていれば、十分満足できるだけの利益」を得ることが必要です。それができなければ、少額の投資家の勝ち目はありません。

投資する前の段階で、「この投資はいつまでの期間を目安にして、いくらまで利益を得る」という予測シナリオをつくることが、求められている戦略なのです。

## 上昇しやすい時期、下降しやすい時期をどうシナリオに反映させるか

価格は、1年間に2回ある「積極的な状態」のときに、勢いの強い上昇、下降の流れを形成して、一気に年間の変動幅の大部分を取りに行きます。

したがって、**上昇の流れを予想するときは、「上げやすい時期に長く値幅の大きな上昇の流れができる」「下げやすい時期に上げた分のすべてを押し戻されることはない」ことを前提にして、どこまで上がるかをそれまでのチャートの動きと合わせて推測します。**

そして、**上げやすい時期に想定できるような値幅と勢いの上昇場面があらわれなければ、次の下げやすい時期に下げ幅を拡大する、その年が全体で弱気に推移する可能性を考えておく必要が出てきます。**

逆に、**下降の流れを予想するときは、「下げやすい時期に長く値幅の大きな下降の流れができる」「上げやすい時期に、それまで下げた分のすべてを埋め戻されることはない」ことを前提にして、どこまで下がるかをチャートの動きと合わせて推測します。**

そして、**下げやすい時期に想定できるような値幅と勢いの下降場面があらわれなければ、次の上げやすい時期に上げ幅を拡大する、その年が全体で強気に推移する可能性を考えておく必要が出てきます。**

われわれが勝ち、大きな利益を得るには、年間のシナリオを描き、上げやすい時期、下げやすい時期に想定したとおりの値幅の利益を得られるときだけです。1年365日、毎日相場を見続けているのは時間の無駄です。毎日相場を見ていると、大口の市場参加者の仕掛けた目先の振れのワナに騙される回数が多くなるだけです。

シナリオとして、上昇を予測するのか、下降を予測するのかについては、その時点までの流れを元に、時期とチャートの形を手がかりとして、シナリオを描いていくことになります。

そして、時間が経過するごとに、選択肢が定まりながら、精度が高まっていくことになります。その具体的な方法については、第4章と第5章で解説します。

Chapter 4

# 第４章

# 上昇に入るときは
# タイミングとチャートの形で
# わかる

Section

# 4-1 「参加者の共通認識」がチャートの形に意味を与える

## 値動きの裏にみえる市場参加者の考え

これまでに解説したことからわかるとおり、長く値幅の伴った一定の流れは、多くの市場参加者の共通の認識のある状況であらわれます。

値動きの流れは、

- **値位置と振れ幅、動き方が意識されている場面＝積極的な状態**
- **時間の経過が意識されている場面＝時間待ちの状態**

というふたつの組み合わせによって形づくられています。

前者は、多くの市場参加者が利益を求めて共通の認識のなかで積極的に行動している状態です。
後者は、値位置や振れ幅、動き方などどうでもよく、ただ、くるべき日を待っている状態に過ぎません。
筆者は、前者を「積極的な状態（パワー・トレンドのある状態）」、後者を「時間待ちの状態」と呼んでいます。

**積極的な状態は、市場参加者が利益を求めて行動しているため、利益を得られる振れ幅になり、同調行動を誘いやすい共通の認識のある動き方をします。**

**時間待ちの状態は、上下どちらにも動き難い状況のなかで、いまの値位置が高いのか、安いのかが判断できる時期がくるのを待っているだけです。**

積極的な状態では、利益を得るために必死になっている投資家が、最低単位の動きに敏感になっています。そのため、チャート分析において一般的にいわれている支持、抵抗など、多くの市場参加者が意識している可能性のあるポイントを抜けない値動きになりやすいのです。

一方、時間待ちの状態では、他の市場参加者を呼び込む誘いとなるような値動きがときどきあらわれて、われわれを迷宮のなかへ陥れます。時間待ちの状態は、上下どちらにも行き難いというだけの状況です。支持、抵抗と推測できる場所を抜けた、抜けないという動きにも大した意味はありません。

極端な言い方をすれば、時間待ちの状態の場合、どちらへ向かってもいいのです。ですから、時間待ちの状態では、チャート分析などによって短期的な予想をしても、ほとんどあてになりません。当たったとしても、そうなったことに根拠などなく、まさに当たるも八卦、外れるも八卦なのです。

一方、積極的な状態は、目標を取りに行く動きです。多くの市場参加者が想定している地点を目指し、そこまで行くことで利益を得ようとしている動きです。多くの市場参加者の思惑を確認する作業であり、多くの市場参加者の値動きに対する見方がはっきりする場所です。

## 「積極的な状態」では未来の値動きを予測できる

積極的な状態での値動きは、上昇か下降かを判断するうえで非常に重要です。

積極的な状態へ入る条件が整った場面で、想定している方向に動くのか否か、想定している値位置になるか否かがポイントになります。

たとえば、それまでの流れから上昇を想定していたのに、価格が上げても上げ幅が限られるなら、次の下げ時期に下げる（下降を予測する）というサインになりますし、想定した値位置まで上昇するなら、次の下げ時期に価格が下げても下値が限られる（上昇を予測する）というサインになります。

積極的な値動きがあらわれる条件が整った場面は、資金を移動せざる得ない状況のある場面であり、必ず季節性に沿った方向へ一時的にでも動くわけですから（動く値幅に違いはある）、あてにならない予想ではありません。

**時間待ちの状態では、短期的な予想などあてにならないのに対し、積極的な状態は、予想ではなく、そうなるはずの動きだということです。**

その意味で、未来は、まったくわからないわけではありません。先の値動きは、積極的な状態へ入る条件が整ったとき、あるいは積極的な状態を経過した後、はっきりとみえてくるのです。

値動きを誘導することができないわれわれがチャートをみるとき、**第一に考えなければいけないことはただひとつ、「いつから積極的な状態へ入り、抜けてゆくか」ということだけです。**

そしてそこでの動きによって、「そうなるはずだ」というシナリオ描き、迷いを断って投資をすればいいのです。

積極的な状態へ入っていないときや、抜け出した後の時間待ちの状態においては、わからないことに理屈をつけているだけなのです。いや、わかっていることもあります。それは、ある程度上がったら下がる、ある程度下がったら上がるという、投資で利益を上げるためにはあいまいすぎることだけなのです。

## チャートのパターンができる理由

これまで書いたことからわかると思いますが、チャートのパターンとして一般的に知られている値動きは、市場の資金循環や、長期、短期の市場参加者の投資行動に制約があることに起因してあらわれています。

一定の期間で上昇、下降を繰り返すサイクルのパターンは、1年間のなかであらわれる市場の資金循環によってつくられています。

大きな流れのなかでつくられる保ち合いは、次の上げやすい時期、下げやすい時期へ向けて、さらに一段高、一段安があるということを市場参加者に認識させるための動きとして、1～3ヵ月程度、下げず、上げずに推移するという動きとしてあらわれています。

上昇、下降の値幅が似るのは、年間に動く幅や期間が限られているため、自ずと上げる、下げるべき幅の目安ができるためです。

また、短期の市場参加者は、共通の認識のなかで動かざる得ないことから、上げ幅、調整幅が近い水準になるということもあります。

このように、**いわゆるチャートのパターンというのは、それぞれ、理由があってあらわれています。そのなかで、明確に値動きが推測できるのは、短期の市場参加者が積極的になり、共通の認識のなかで動くことが求められている場面があるからなのです。**

だからこそ、テクニカル分析や、テクニカル指標は、一定の流れができているときに当たりやすく、それ以外のとき、当たる確率が低くなりやすいのです。

## チャートのパターンは決まった場所でのみ有効になる

そうであるにもかかわらず、テクニカル分析の解説書の多くは、いくつものチャートにあらわれている似たパターンをみつけて、「チャートのパターンである」として紹介されてきました。

ただ、そうした似たパターンのできる根拠について書いているものがなかったため、どのような状況でも、チャートのなかに頻繁にみられる特定のパターンがあらわれるのだと考えられがちでした。

しかし、本書をここまで読んできた方なら、チャートの特定のパターンがどこであらわれるのかがわかったはずです。

このことは、投資という行為にとって、かなり重要なポイントになります。

「目先の価格がこうなったら、その後は強気に推移する」「今後の価格が強気に推移する可能性があるから、目先の価格がこうなる」という表現は、どちらも似たようなことを言っています。

ただ、前者は、今後が強気か弱気かもわからない状態で、目先の株価をみて対応しています。「結果をみて判断してくれ」と言っているだけです。

後者は、今後の可能性に対する分析ができていて、だからこそ、目先はこうなるのだと言っています。後者のスタンスで投資をしようとするなら、「今後、こうなる可能性があるから、その前に仕掛けておこう」という考え方で買うはずです。

そして実際、想定していた値動きにならなければ、それは今後の可能性に対する分析が間違っていたわけですから、再度、時間をかけて状況を把握し直せばいいだけです。後者の方法で投資をする場合、早期に間違いを気づくことができて、損失も少なくて済みます。

**投資の勝敗は、今後の動きに対するシナリオを持ち、用意された心を持っているか否かによって決まる**のです。

Section

# 4-2 チャート分析は「上昇」を基本に行なう

## 相場の上昇と下降を対称に考えてはいけない

値動きには、上昇、下降、横ばいの3通りがあります。

一般的なチャート分析では、上昇と下降を同じ流れとして考えて、反対方向へ似たパターンをつくる動きだとしています。

上昇と下降が反対方向の動きで、どちらもトレンド形成時につくる似た形になるという見方は、間違いではありませんが、上昇、下降をつくっている市場参加者の投資に対する意欲で比較するなら、上昇と下降は、区別する必要があります。

下降は、手仕舞いを中心にしてつくられる動きである可能性があるからです。手仕舞いは、市場から逃げる動きですから、人気のない状況、市場参加者が積極的になっていない状況と変わりません。

その意味では、**下降の動きには、人気がなく、一定のレンジで推移している動きである保ち合いと同じ要素が含まれています。**

**長く値幅の大きな下げ局面へ入る前には、必ず値幅の大きな上昇局面があります。**言い換えると、積極的に価格が下降する動きになるには、その前に、値幅と日柄の長い上昇局面が必要になるということです。

一方で、**長く値幅の大きな上昇の流れは、市場参加者が積極的に買いで仕掛けているときにしかあらわれません。**多くの市場参加者が、「まだ買える、まだ買える」と積極的に仕掛けている状況がなければ、価格は上がりようがないのです。

先物市場、信用市場では、空売の建玉が極端に膨らんだ場合、買い戻しによって一時的に上昇する動きがあらわれますが、それは、長くても2週間程度で終わり、一気に価格が上値の目安へ到達して終了するような上げにしかなりません（長く値幅の大きな上昇が始まるきっかけになる場合はあります）。

シナリオを描く際には、この上昇と下降の違いを知っておく必要があります。

われわれが推測することができる未来は、市場参加者がいつ積極的になるか、積極的な動きがあらわれたら、いくらまで上がる、下がるということだけです。

積極的な下降は上昇の後でしかあらわれないのですから、シナリオを描く際は、「いつ頃積極的な上昇があらわれるか、そのとき、価格がいくらまで上昇する可能性があるのか」が基準になります。

前年後半が長く値幅の大きな上昇局面だった場合、翌年の年初が積極的な下降の流れから入ることを想定しておく必要があります。

前年までの価格が下げているなら、年明け後、いつ頃から積極的な上昇がスタートするのか、その場合、どの程度まで上げるのかを想定しておきます。

強弱の両方のパターンを用意しておけば、上昇の仕方や時期から、日柄の経過とともに強弱のどちらの展開になるかがみえてきます。

## シナリオは「上昇」の可能性から考える

シナリオを描く際には、年初には、

- 年の前半に上昇
- 年の後半に上昇
- 年の前半に下降
- 年の後半に下降
- 横ばい

という5通りのシナリオが考えられるなかで、時間が経過し、特定の時期を経過するごとに絞られていくことになります。

そして、前項で触れたとおり、積極的な状態の値動きの基本は上昇ですから、シナリオを描く際は、まず、

- **いつ頃から積極的な上昇があらわれるのか**
- **その際にどの程度まで上昇するか**

を判断します。そして、強気のシナリオを基準にして、想定した上昇幅、上げ期間があらわれなければ、全体が弱気だと判断できるため、

- **弱気の場合のシナリオあるいは横ばいのシナリオを考える**

という順番になります。

積極的な状態へ入る場面、入っている場面、抜ける場面での値動きには、それぞれ意味

があります。

まず、積極的な状態へ入る前には、多くの市場参加者へ、「その時期が来たのでそろそろ動かしますよ」というサインを出します。なぜなら、積極的な状態は、多くの市場参加者が共通の認識のなかで動く必要があるからです。

次に、積極的な状態へ入っているときは、「現状がまだ継続しますよ」というサインを出し続けます。

そして、積極的な状態から抜け出す場面では、「これ以上へは行けませんよ」というサインを出します。

先ほど、積極的な状態へ入るか否かを事前に予測できるのは上昇だけだと書きました。

そこで、以下では、上昇の流れへ入る前、入っている状態、抜ける場面での値動きについて、それぞれみていきます。

## 「値幅のある日柄の長い上昇」だけが特別な意味のある動き

積極的な動きは、上昇と下降の両方でつくられますが、事前に予測できる動きは、上昇だけです。なぜなら、下降の積極的な動きというのは、上昇の動きを経過した後にあらわれる動きに過ぎないからです。

下降は、値位置が高いという判断があるからあらわれる動きに過ぎません。そのため、下降は、手仕舞い中心に日柄をかけてジグザグに下げてもよく、あえて、一気に下げてしまう必要のない動きです。

したがって、チャートをみる場合、値幅のある日柄の長い上昇だけが特別な意味のある動きであり、市場参加者の明確な意思が示されている動きだと考えます。

保ち合いについては、基本的に下降と同じ動きであって、保ち合いの下値を切り下げる形が下降という動きに変わるだけだと考えます。

ただし、長く、値幅の大きな上昇の流れを経過した後は、積極的な動きとしての下げがあらわれる可能性を考えておく必要があります。

Section

# 4-3 「積極的な状態」に変わるときのサインはコレだ

## ステップ①
## 上値、下値を切り上げる動き

長く下降、または横ばいの動きを継続していた価格が転換し、上昇の流れができたことを確認するためには、ポイントが2つあります。

1つは、下値堅さです。「そこ以下にはいかない」という動きを確認すること、2つ目は、勢いの強い動きがあらわれることです。

この2つがそろって初めて、積極的な上昇へ入る可能性があると推測できる状態が整います。

**下値堅い動きとは、上値、下値を切り上げる動きです（図表4―1**参照）。下値堅い動きは、多くの市場参加者が特定の安値に対して強く意識している可能性を示しています。

第3章で書いたとおり、時間待ちの状態は、市場参加者の多くに積極的に利益を得ようという意識が薄く、特定の値位置以上へ行き難いという動きを繰り返しているだけです。

その動きを嫌気して手仕舞いが多く出るとき、下値を切り下げるため、全体として値位置が下がります。

一方で、積極的な状態は、市場参加者が利益を求めて動き出しているので、最小単位の値幅の動きにも敏感に反応しやすくなります。「1円も損したくない、1円でも多く利益を得たい」という気持

**図表4-1 ● 上値、下値を切り上げる動き**

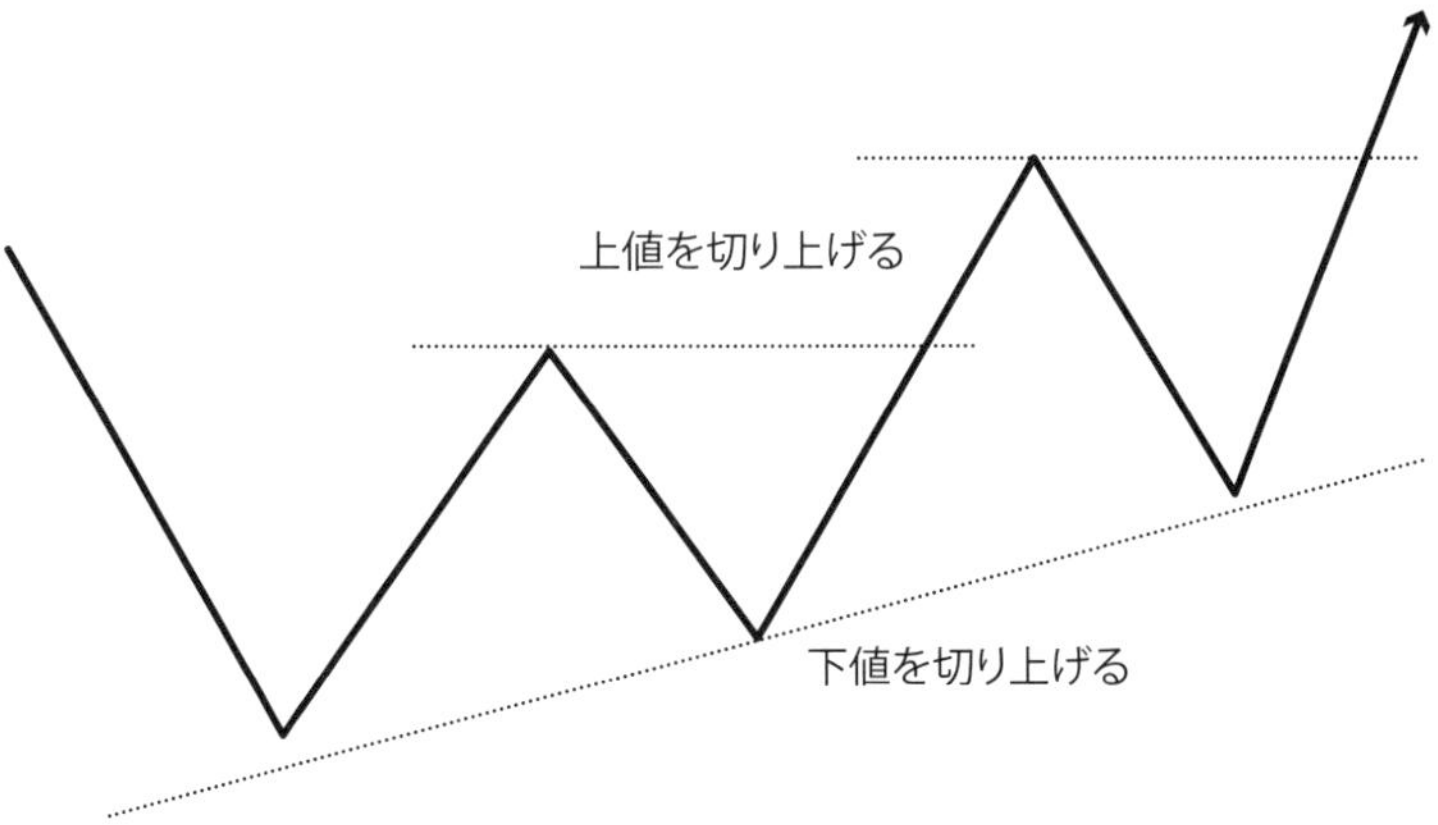

ちは誰でも同じです。そのため、積極的な状態へ入ると、上昇の場合、下値を切り下げ難い動き方をします。

**図表4—1**の上値、下値を切り上げる動きは、下値を切り下げない動きが値位置に注目する流れへ変化している可能性を示しています。また、上値を切り上げることで、上げやすい状況ができている可能性を示しています。

**図表4—2**は、時間待ちの保ち合いの状態から下値を切り上げる動きを示したパターンです。

時間待ちの保ち合いでは、特定の値位置以上、以下へ行き難いだけなので、保ち合い期間中のレンジ下限、上限などあてになりません。

図表4-2 ● 時間待ちから積極的な状態へ

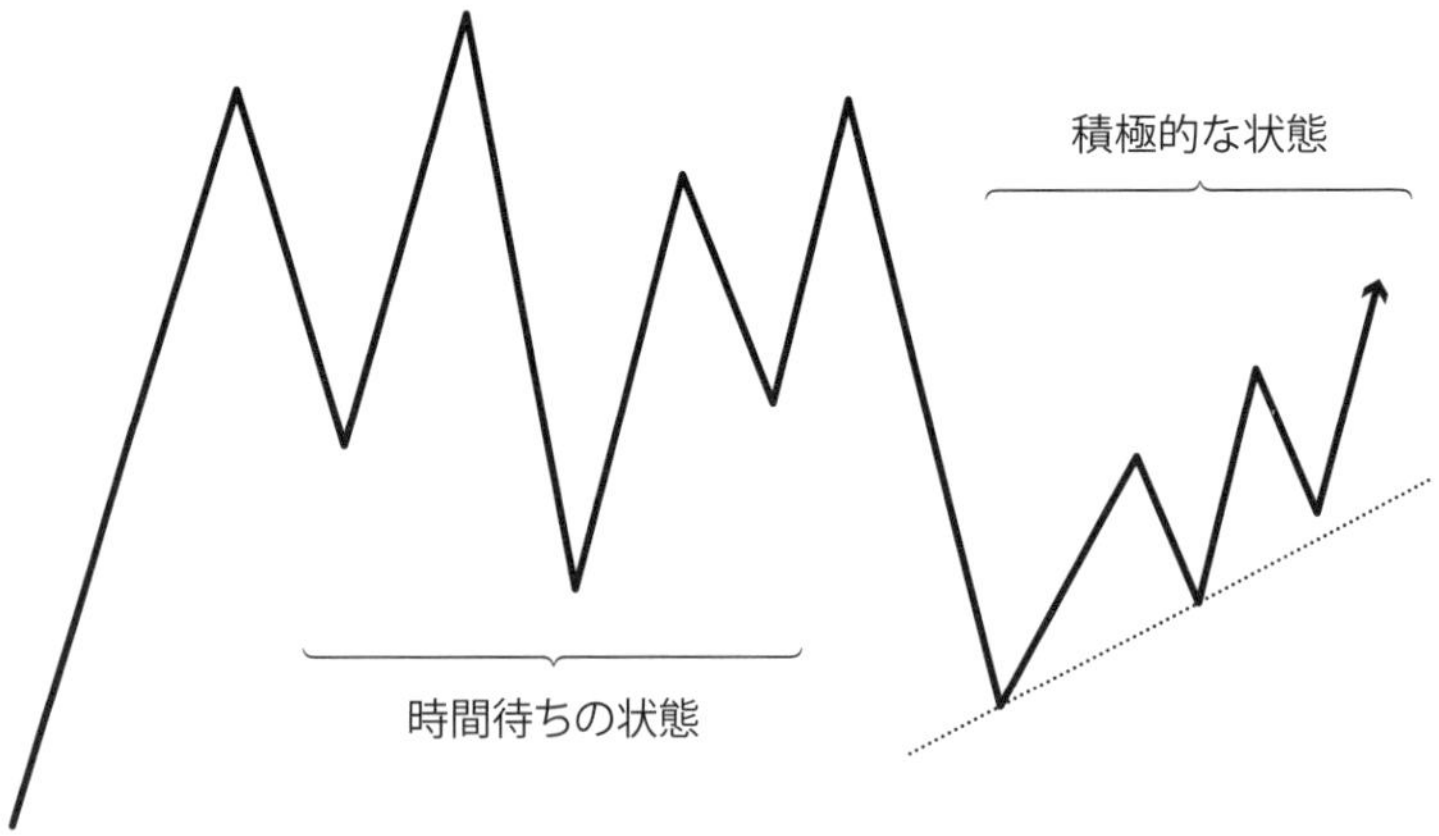

それまでのレンジ上限、下限を損切りの目安と考えていても、簡単に抜けてしまいます。

そのような状態だった価格が、上昇しやすい時期へ入る過程で、下値が意識される動きになり、下値を切り上げると、保ち合いから上昇へ流れが変化した可能性を考えておく必要が出てきます。

## 「下値固い動き（上値、下値を切り上げる動き）」だけでは足りないことに注意

**図表4―3**は、日経平均が下降局面から上昇へ転換したときの下値固い動き（上値、下値を切り上げる動き）があらわれた場面です。チャートでは、２０１２年６月の安値８２３８円を維持する格好で、11月まで下値を切り上げる動きを経過し、11月13日以降、アベノミクスによる株価上昇局面へ突入しています。

第２章で書いたとおり、日経平均株価は、８月から９月までの期間で価格が下げやすく、下げ幅が大きくなりやすい傾向があります。

そのような時期にジグザグに上値、下値を切り上げる動きになったことで、８２３８円

という安値が多くの市場参加者に強く下値として意識されている状況であることが推測できます。

そこに、予定よりも早い政権交代、上げやすい3月、4月へ向けた上昇が加わり、2012年11月以降は一本調子の上昇局面へ入りました。

注意しなければならない点は、下値固い動き（上値、下値を切り上げる動き）それ自体が市場参加者の積極性を示しているわけではないということです。

市場参加者が積極的な状態へ入るのを待機しているなかで、多くの市場参加者が値位置に注目し出したという動きに過ぎません。

したがって当然、予定期間が過ぎれば、

図表4-3 ● 2012年の日経平均の動き

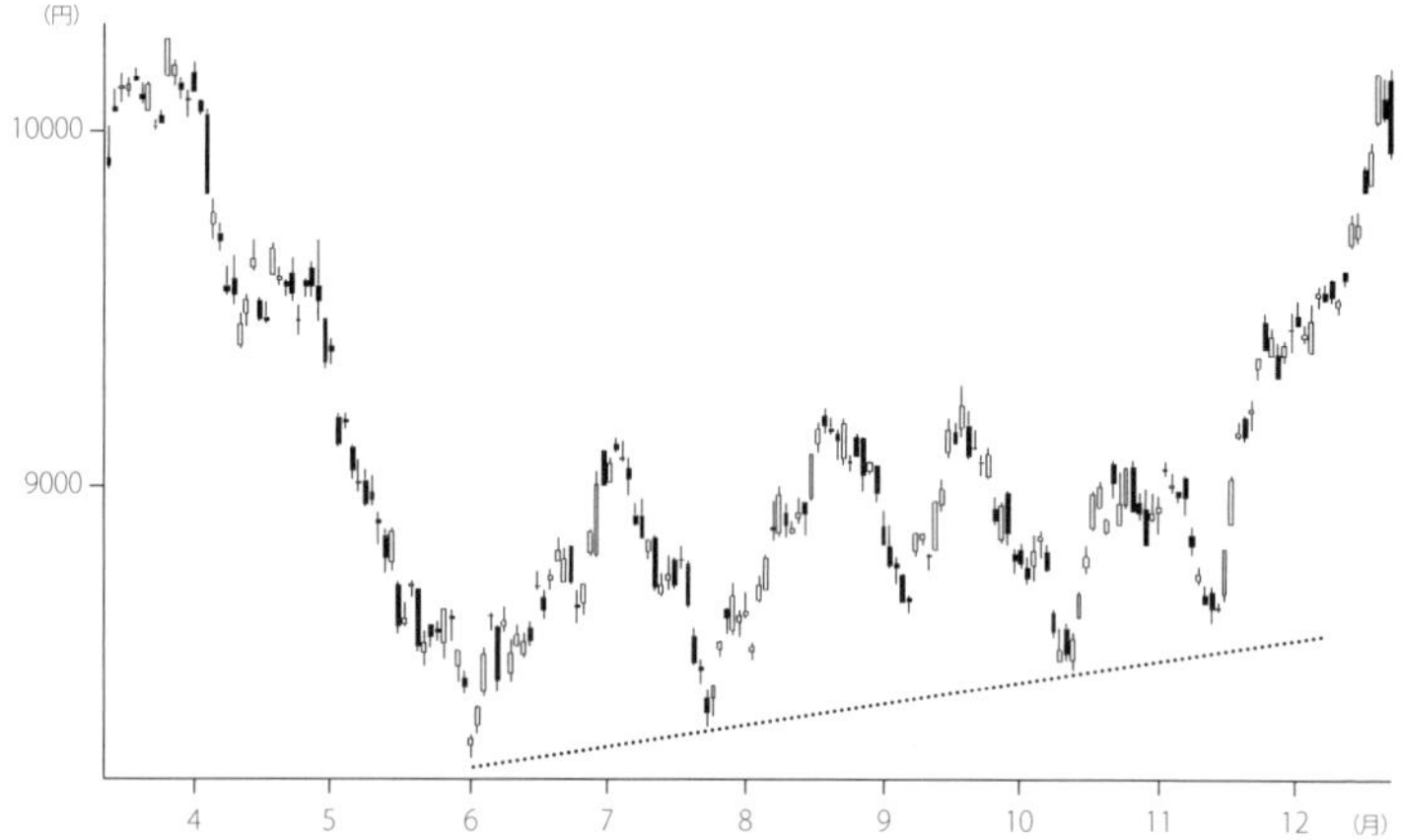

待機状態が解除され、価格が一気に下値を掘り下げる動きになります（**図表4―4**参照）。下値固い動き（上値、下値を切り上げる動き）を経過している（積極的な状態へ入るのを待っているなかで、多くの市場参加者が値位置に注目し出している）にもかかわらず、価格が上昇を開始しない場合、その動きは、上げやすい時期へ入り、下げ難くなっていた動きに過ぎなかったということになります。

上げる可能性があるとみて、押し目を拾ってきた市場参加者は、上げやすい時期を経過した後でいっせいに手仕舞いすることになるので、その後の下げは、最初の押し目を一気に割れる動きになります。

**図表4-4 ●「下値固い」だけで判断するのは早い**

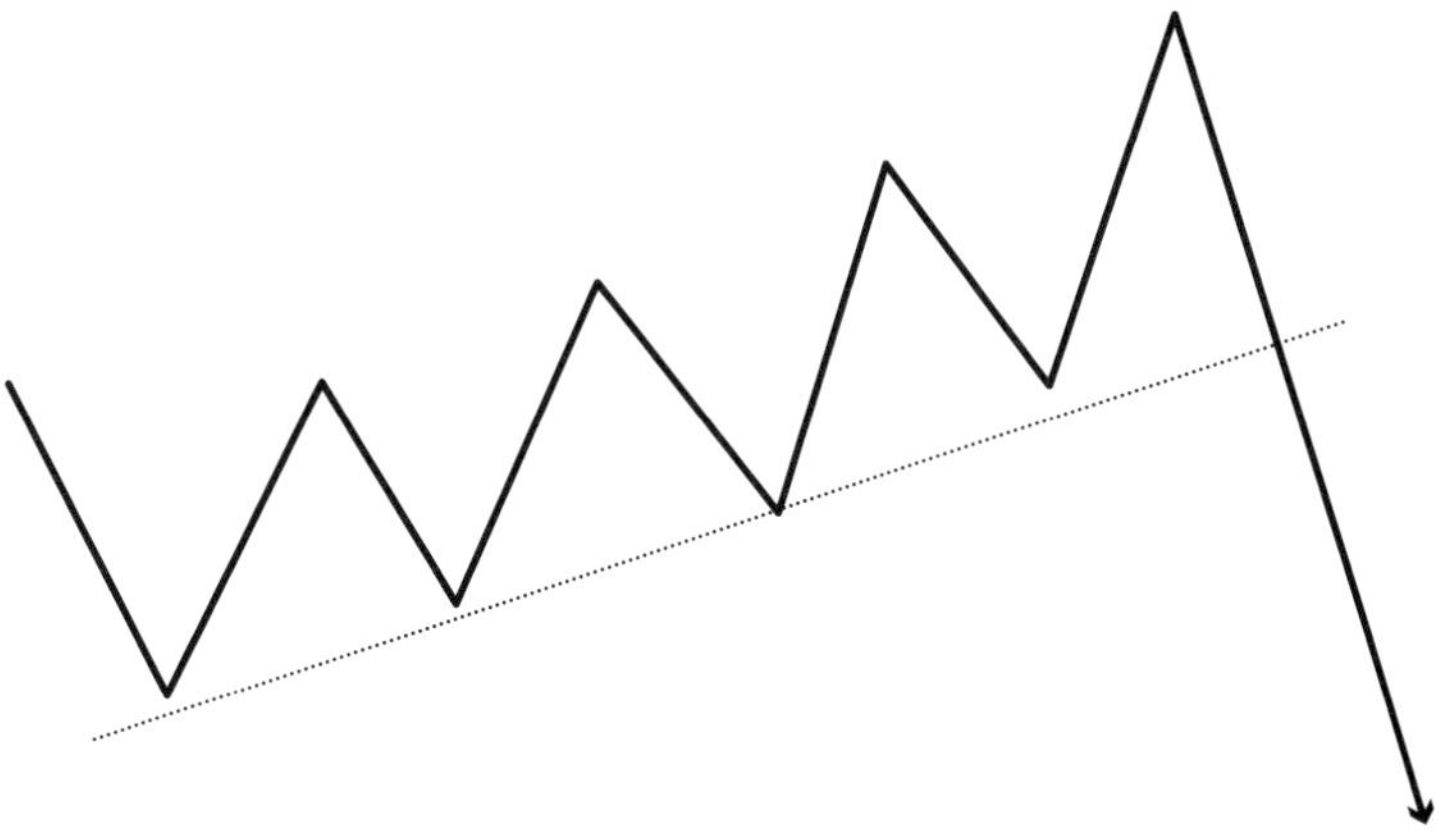

## ステップ②
## 1日または数日の値幅の大きな動き

市場参加者が積極的な状態へ入ったと判断するためには、そのことを示す次のサインを確認する必要があります。

それは、「1日または数日の値幅の大きな動き」です。

積極的な状態になる場合、多くの市場参加者が特定の値段と時期へきて、一気に買いへ向かう動きがあらわれます。そのような場面では、必ず1日または数日間で、上げ幅を拡大する動きになります。当然のことです。

多くの市場参加者は、上げ幅が大きくなることによって、「みんなが同じ意識で動いていることを確認できる」ことに加えて、「買ったものも利益になっている状態ができる」わけです。

**下値堅い動き**（上値、下値を切り上げる動き）**と、1日または数日の上げ幅の大きな動きの組み合わせによって、市場参加者は、想定した展開へ向かう可能性があると判断します。**

さきほどの**図表4―3**の日経平均株価の11月からの上昇場面をみてください。

上昇初期は、3連騰で10月23日の高値9075円を一気に超えています。連騰時には、それまでの振れ幅以上の値幅の陽線が出ています。

なお、下値堅い動きの場合、それだけでは積極的な動きへ入っているか否かが判断できませんが、数日間（1営業日でもいい）で一気に上げ幅を拡大する動きは、その動きだけで積極的な動きへ入っている可能性を示します。

ただ、一気に上げる動きも、下値堅さを確認した後の動きでなければ、「往って来い」で終わってしまうことを想定しておく必要があります。

短い期間での振れ幅の大きな動きは、一気に目的とする場所を目指す動きです。短期間で目的の場所までいくと、そこで人気のすべてが離散する可能性を考えておく必要があります。

下値堅い動きの後は、人気化するか否か、人気化して上げ幅が大きくなった後は下げ難い動きがあらわれるか否かを見極めて、そこからその後の展開がみえてきます。

したがって、長い期間上昇を継続する流れに入っているか否かは、上昇途中の動きがどのようになっていくのかを随時確認していく必要があります。

**図表4―5**の右側は、長く上昇する可能性のあるケースです。

下値堅い動きを経過し、勢いの強い上げがあらわれると長い上昇の流れを継続する可能性が大きくなります。

下値堅さを確認した後に勢いづいて戻り高値をつけた後は、価格が下げても押し目を拾われやすい場所がはっきりしているため、途中で止まりやすくなります。

勢いの強い上げのすべてを押し戻されなければ、積極的に参加した市場参加者のすべてが逃げ出していないという見方ができ、人気化して入ってきた市場参加者の多くが、戻り高値以上の値位置を期待している可能性を残していると考えられます。

だからこそ、下値堅い動きを示した後に勢いづく動きは、勢いの強い上げが終

**図表4-5 ●「1日または数日の上げ幅の大きな動き」だけの場合は要注意**

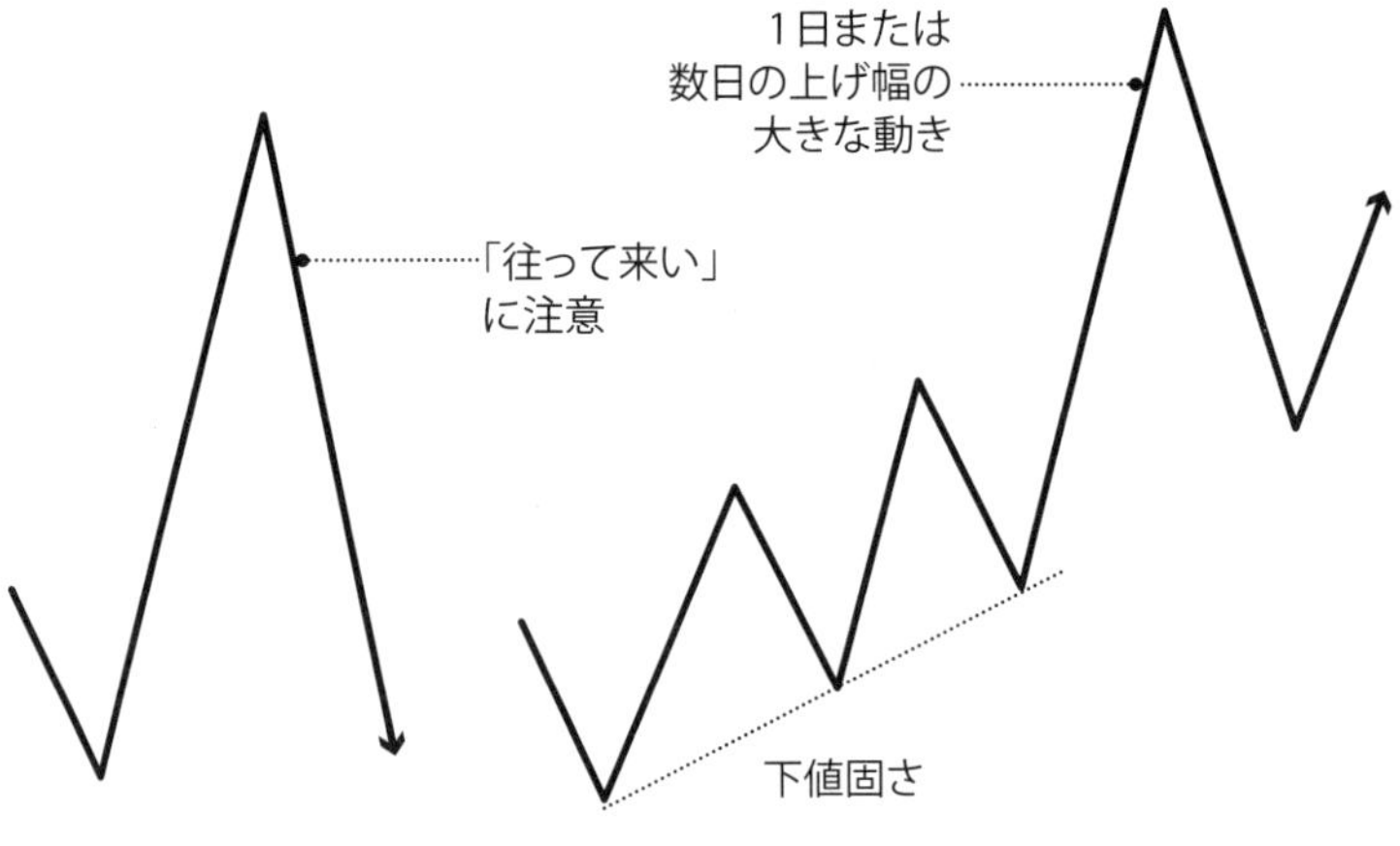

わっても、再度価格が上昇を開始するという想定ができ、長く上昇を継続する可能性を考えておけるわけです。

これに対して、**図表4―5**の左側のように上昇分のすべてを押し戻されると、一時的に集中した買い人気のすべてが離散していることがはっきりするため、その後の価格が上昇しても、戻り高値まで上昇する動きになり難い状況ができます。あるいは戻す場合でも、日柄をかける必要が出てきます。

## 「一時的に下値を切り下げて、すぐに値を戻す動き」に注意

下値堅い動き（上値、下値を切り上げる動き）には、一瞬だけ下値を掘り下げる動きというものもあります。

下値堅い動きとは、「その値位置が市場参加者に意識されていることがわかる動き」です。

そこから下値を切り上げるなら、値位置が意識されていることがはっきりします。しか

し、その形にならなくても、「一時的に下値を切り下げて、すぐに値を戻す動き」にも注意する必要があります。

その場合、値を戻す場面で、積極的な買いが入っていることがわかる動き、上げ幅の大きな動きがあらわれる必要があります。

多くの市場参加者が下値堅いとみている水準を割れるのですから、その地点では、それまでになかった買いが入ってくるのは当然です。そのような上げがあらわれるなら、一時的に下値を切り下げても、その地点付近での買い人気（買いの積極性）を判断できるので、下値堅いとみます。

**図表4―6**は、２０１４年の日経平均

図表4-6 ◎ 2014年の日経平均の動き

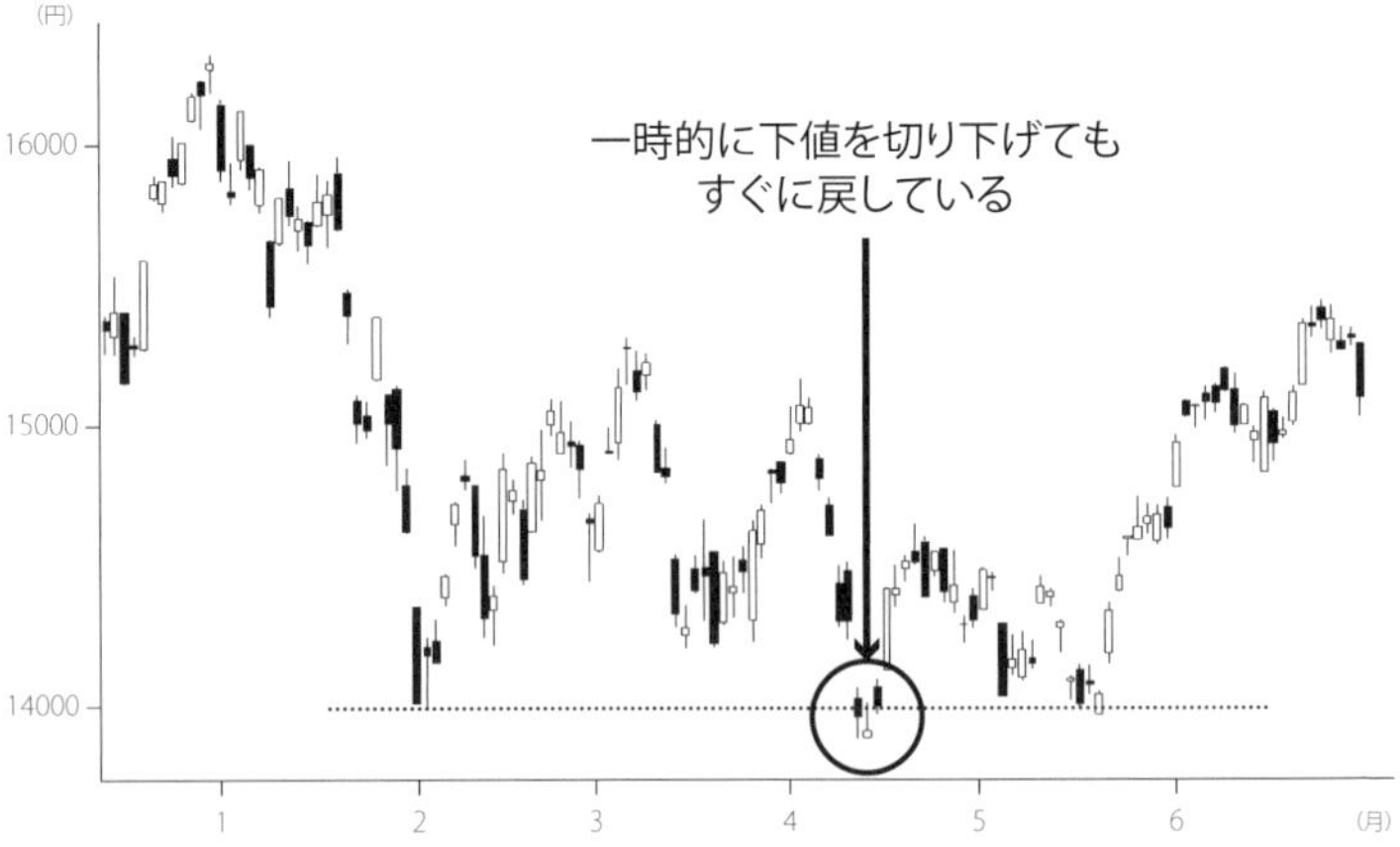

株価日足です。

4月11日、14日は、それまでの安値である2014年2月5日の安値1万3995円を割れていますが、1万3995円を終値で下抜いた期間が3営業日しかなく、その後、すぐに1日の上げ幅の大きな動きがあらわれています。

5月21日も場中に1万3995円を割れていますが、すぐに値を戻して、翌日に1日の上げ幅の大きな動きがあらわれています。

これらの動きをみると、1万3995円は、市場参加者に強く意識されていると判断できます。

2014年はその後も、下値を掘り下げる可能性のある時期となる8月、9月に1万3995円を維持する動きになったことから、年末に向けて上昇の流れをつくったという経緯がみえてきます。

## 一般的な底入れのパターンも
## 2つのサインの組み合わせによってできている

**図表4―7**は、一般的にいわれている底入れのパターンです。**これらの定番の底入れのパターンも、ここまでに述べてきた下値堅い動き（上値、下値を切り上げる動き）と、1日または数日の上げ幅の大きな動きの組み合わせによってできています。**

ヘッド・アンド・ショルダーズ・ボトムの真ん中の安値や、右肩下がりのダブル・ボトムの安値をつける場面では、その前の安値を割れる動きが一時的（1〜3営業日程度）に起こって押し目をつけた後、すぐに1日の振れ幅の大きな動きがあらわれて、一気に値を戻す動きになります。

そのような展開にならなければ、底入れ型にはならないとみておけばいいわけです。

**図表4―8**は、2013年5月の急落の後、2013年6月13日の安値1万2415円が押し目底になって、ヘッド・アンド・ショルダーズ・ボトムの底入れのパターンを形成しています。

**図表4-7 ● 一般的にいわれている底入れパターン**

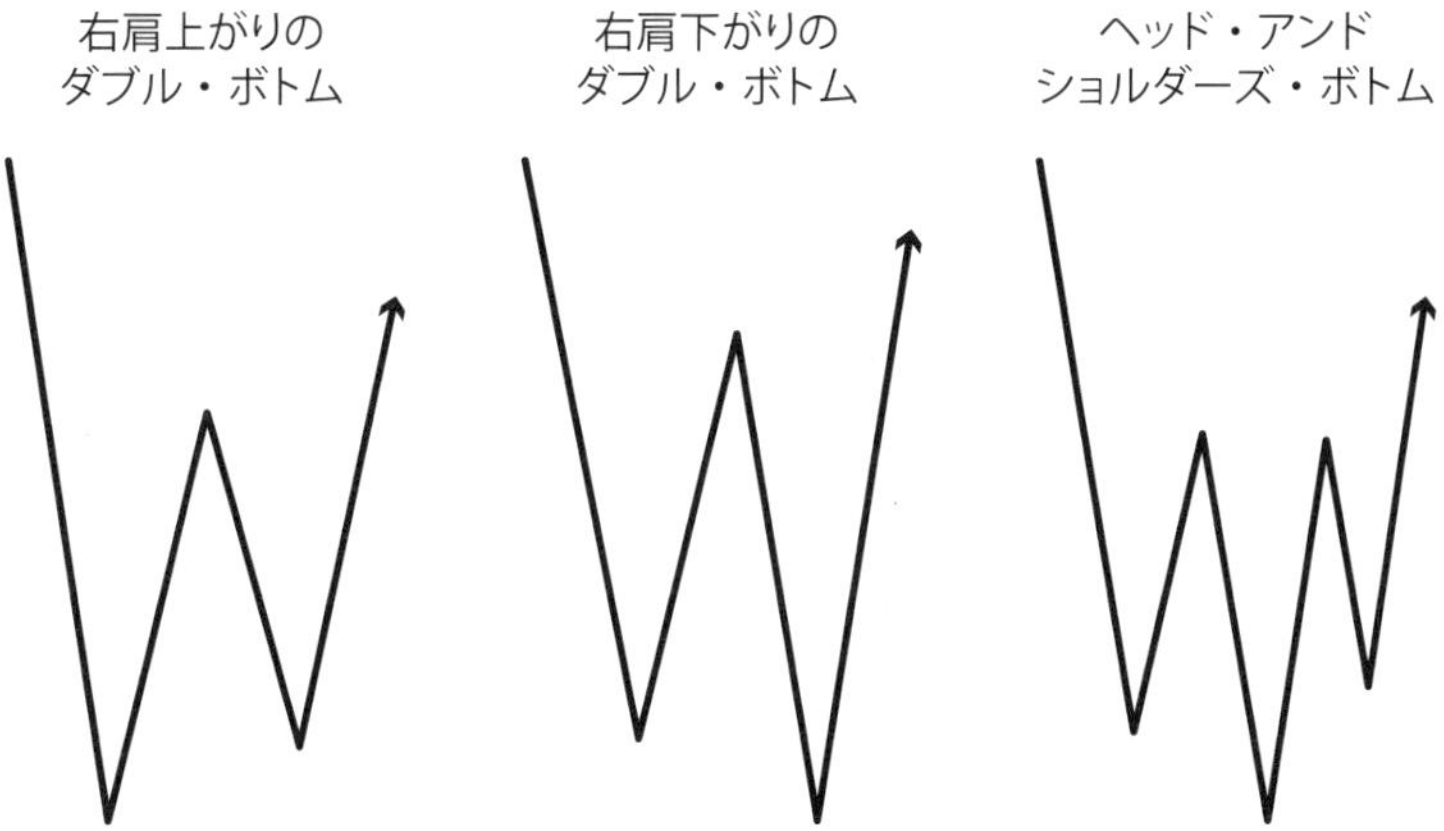


**図表4-8 ● 2013年に日経平均が底入れした動き**

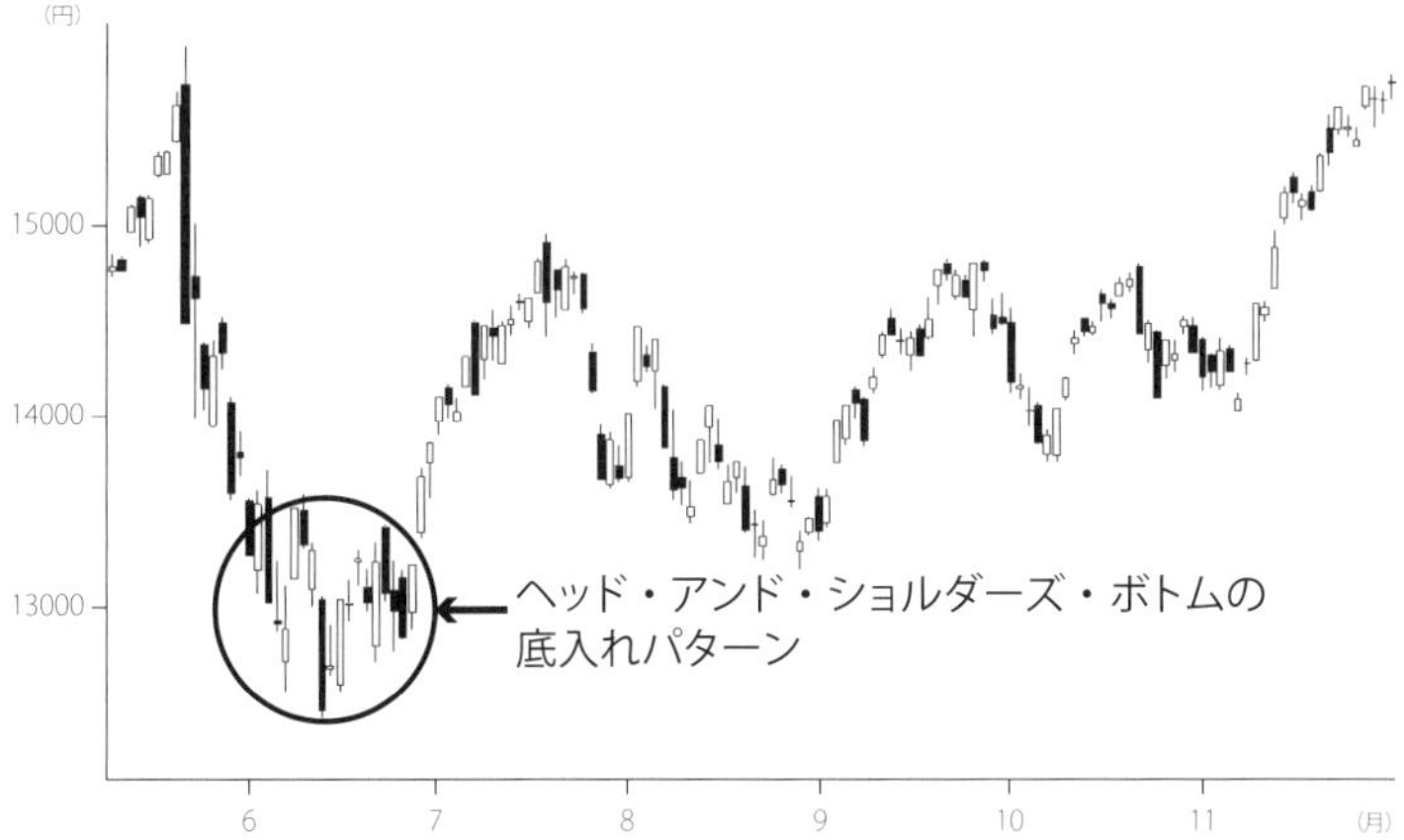

その前の安値を6月13日に割れた後、すぐに値を戻し、1日の上げ幅の大きな動きがあらわれていることがわかります。

6月は、上げやすい時期です。5月の下げやすい時期に一気に下値の限界を試す流れをつくり、そして、6月の上げやすい時期へ入り、押し目をつける展開になっていることがわかります。

その後、下げやすい8月、9月に1万2415円まで下げなかったことで、9月以降、再度戻り高値を試す動きへ入りました。

Chapter 5

# 第5章

# 「積極的な上昇局面」での動き方の特徴

Section
# 5-1 積極的な上昇局面での上昇の仕方と振れ幅

## 「積極的な上昇」の値動きにはどういう特徴があるのか

**「積極的な上昇」の値動きには、ふたつのパターンがあります。**ひとつは極端に勢いの強い動き、1日の振れ幅の大きな動きが連続して現れる動きとなって、**一気に目標とする場所へ到達するパターン**で、もうひとつは小幅調整を繰り返しながら、**日柄をかけて上昇するパターン**です。

前者は、上昇の初期段階、最終段階、下降途中の一時的な反発場面であらわれることが多く、一気に目標とする場所へ到達した後、値幅と日柄の伴った調整場面へ入ります。

後者は、上げやすい時期へ向けて、あるいは上げやすい時期へ入り、まだ十分に上げ期間と上げ余地のある場面であらわれます。

前者は、2週間程度か長くても1ヵ月程度の期間で終わることが多く、後者は1ヵ月あるいはそれ以上継続する上げの流れになります。

どちらの動きになっているかは、1日の振れ幅が、直近との比較で極端に大きくなっているか否か、振れ幅の大きな動きの翌営業日に調整入りせずに上昇するか否か、あるいは、過去のチャートの上昇場面での上げの角度を調べ、それを比較することによって判断します。

**図表5―1**は、円・ドル相場日足の2013年4月から2014年1月までの動きです。

2013年4月2日以降、5月2日以

図表5-1 ● 積極的な動きには2種類ある

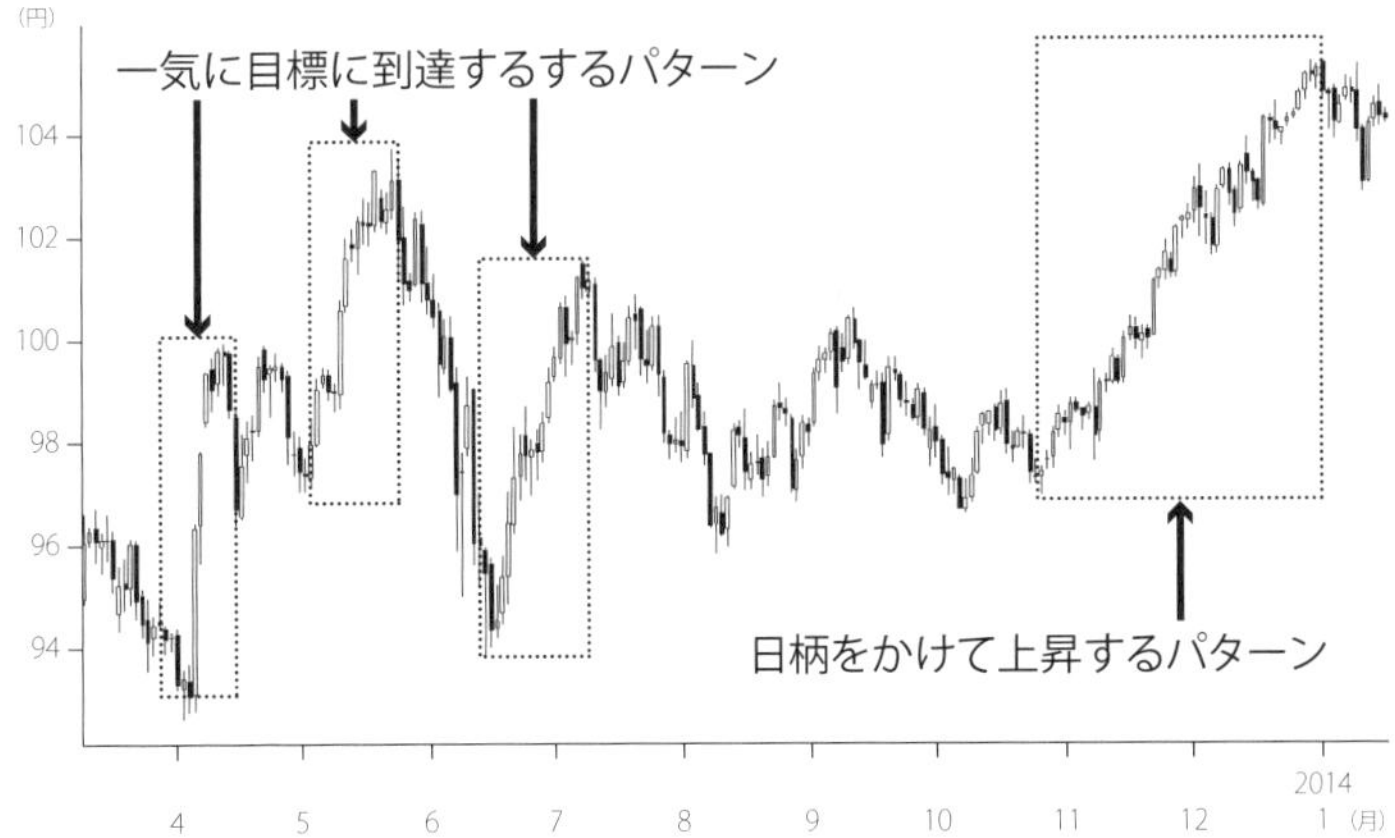

降、6月13日以降が極端に勢いの強い円安の動きとなり、1ヵ月継続することなく終了した後、値幅の伴った調整場面へ入っています。

2013年10月25日〜2014年1月2日までは、小幅調整を繰り返しながら、2ヵ月以上継続する円安の動きとなっています。

## 長く値幅の大きな上げは5波が基本

日柄が長く、値幅の大きな一定の流れは、市場参加者が積極的になっている状況であらわれます。

**積極的な状態での始点から終点までの全体の動きは、5つの波のパターンを形成するという見方が基準になります**（図表5―2）。5つの波は、4波の終点が1波の終点よりも上に位置する形になります。

一定の流れができているときの波のパターンが5つになるという動きは、エリオット波動論や、三段高下の法則などといわれ、欧米、日本の投資家が古くから注目してきました。

図表5-2 ◎ 典型的な積極的な上昇局面では5波が基本

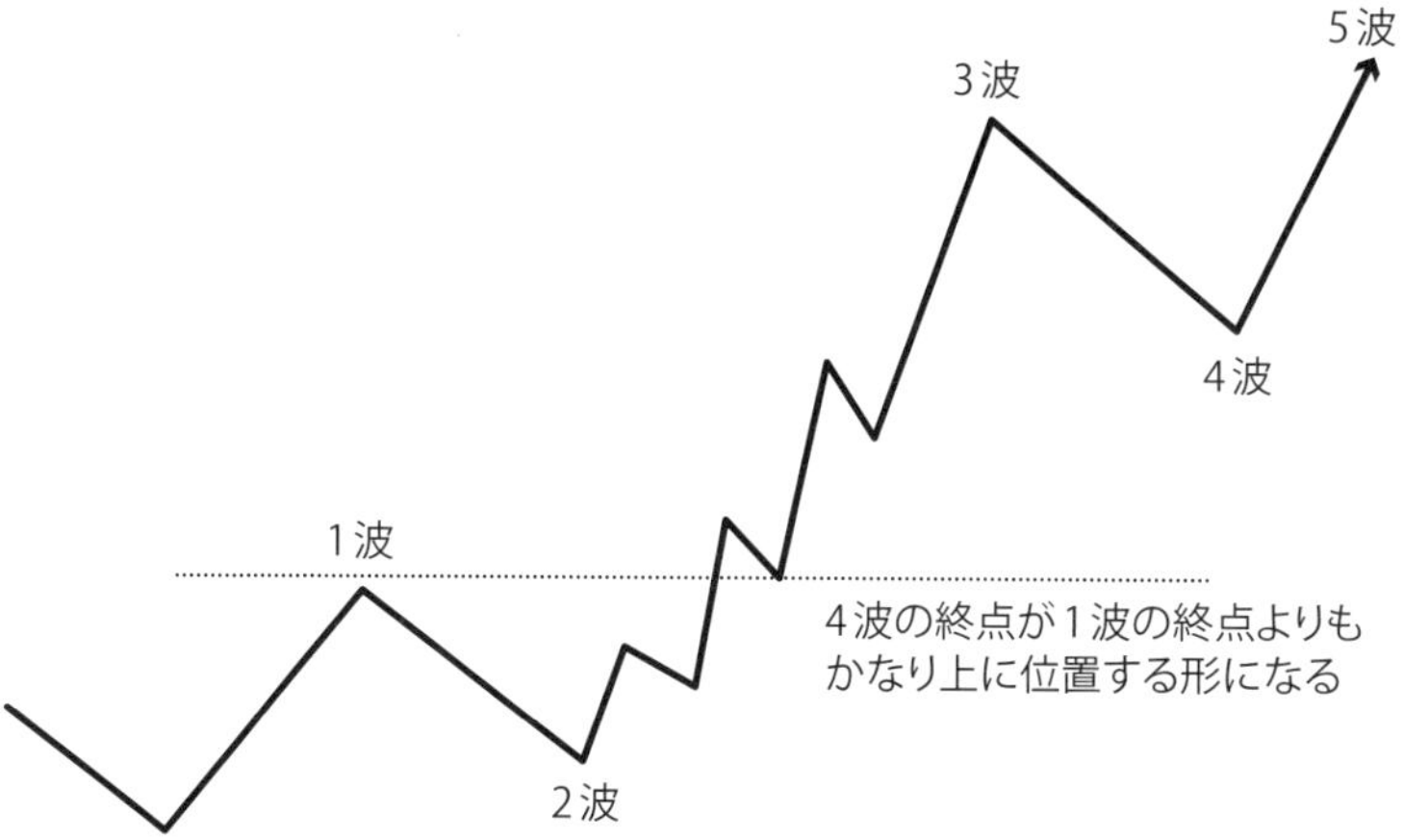


図表5-3 ◎ 5波には2つのパターンがある

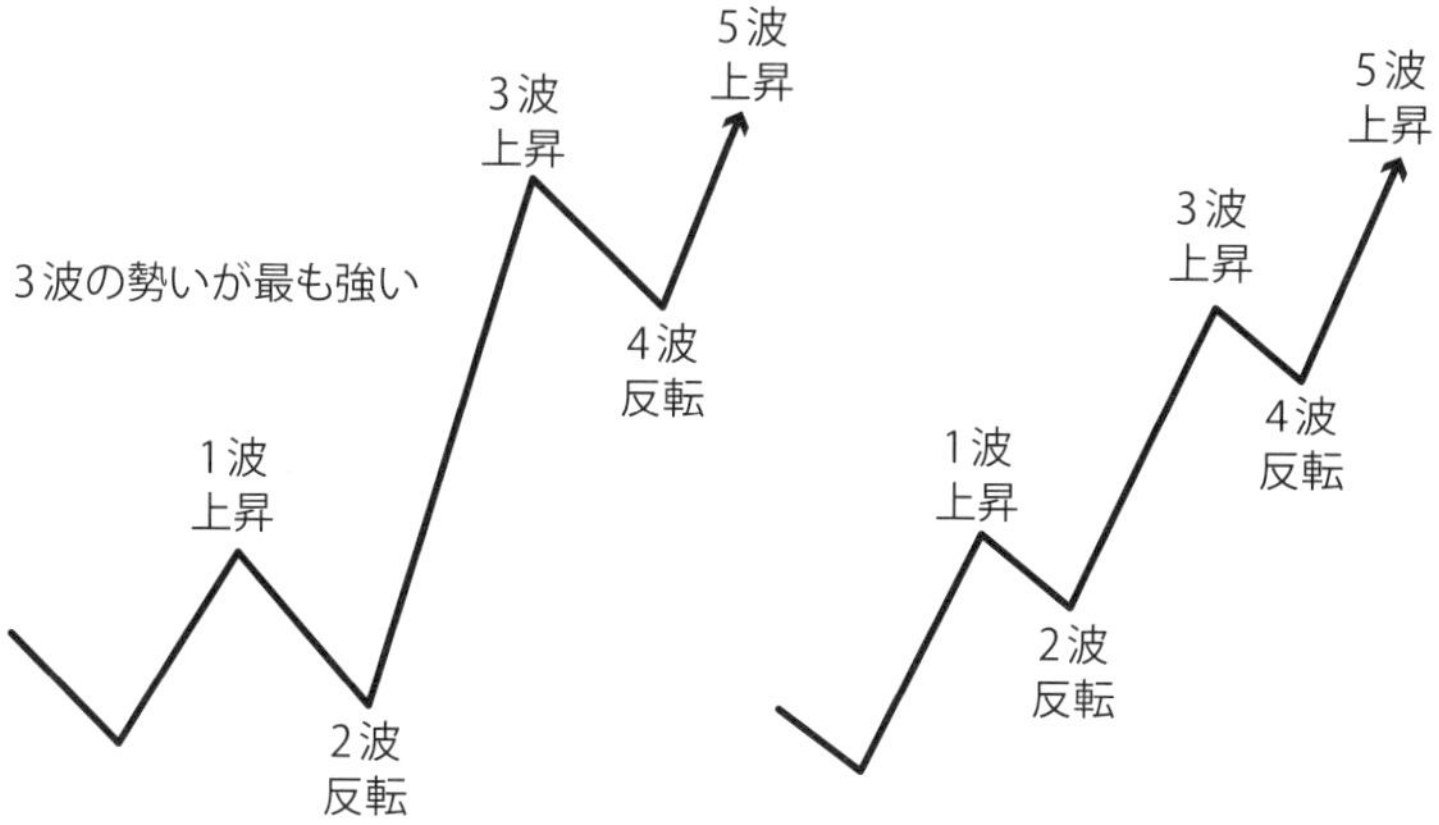

チャートを見慣れない人はわかりにくいかもしれませんが、大きな値幅の上昇が3回入り、それよりも小さい値幅の下げ調整が2回入るという動きです。

最初の1波、2波のジグザグで下値堅さを確認して、3波目の上げで積極的な動きを示します。3波で上値目標値の大部分を取りに行くので、4波、5波が上値の重さを確認する作業になります。

ところで、5つの波のパターンには、最初の上昇時に下値堅さを確認する作業の仕方によって、2通りのパターンがあります。

1つ目（**図表5―3**の左側）は、前述したとおり、1波と2波で右肩上がりの押し目底を形成した後、3波の上昇の流れへ入るパターンです。こちらのパターンになる場合、3波だけが長く値幅の大きな上昇の波になります。

2つ目（**図表5―3**の右側）は、1波が値幅の大きな動きになるパターンです。1波の値幅の大きな動きだけで、下値堅さと市場参加者の積極性を確認できることから、2波があまり大きな下げ幅にならず、すぐに押し目をつけて上昇を開始します。1波、3波、5波が似た値幅になり、2波と4波の調整幅が小さくなります。初期の上げ幅が大きくなったら、それをみてあきらめずにその後の調整幅が小さければ次に同じだけの上げがあると推測します。

## 5波にならないケースもある時期との関係で

以上に挙げた5波の動きは、一定の流れができているときの基準になる動きです。始点からの動きが全体で5つの波のパターンになることを想定しておけば、どの程度までの上げになるのか、いつまでの上げになるのかというシナリオがみえてきます。

たとえば、**図表5—3**の左側のパターンになる場合、3波がいつ頃始動するのかは、時期を考えれば推測できます。

第3章までを読んできた方には、3波で全体の目標値へ到達して、その後の4波、5波が上値を抑えられる動きになるという前提があるなら、4波、5波がいつ頃つくられるかも推測できるはずです。

ただ、注意しておかなければならないことは、5つの波のパターンはシナリオをつくるときの基準になるものの、時期との関係でそうならないこともあるということです。

そうなるだろうという前提で値動きを推測しますが、上昇していた相場が反転して4波とみていた下げに入るとき、その時期がすでに下げやすい時期であり、日柄を経過しているなら、まだ5波があるはずだという決めつけができなくなります。

この場合、5波が入る可能性と、3波の終点が戻り高値になる可能性の両方を考えておく必要があります。

## 調整の振れ幅は過去の調整時と同程度になる

図表5―4は、調整の目安を示しています。

**一定の流れができているときの調整の幅は、その流れが継続しているときにあらわれた「以前の調整幅と同じ」という考え方が基準になります。**

図表5―4では、最初の大きな調整を経過した後の上昇で小さな調整があらわれています。

一定の流れを形成するときは、前述したとおり、5つの波のパターンになって、似た調整が2回入るという動きが基準になります。

**図表5-4 ◉ 積極的な上昇局面での調整幅の目安は?**

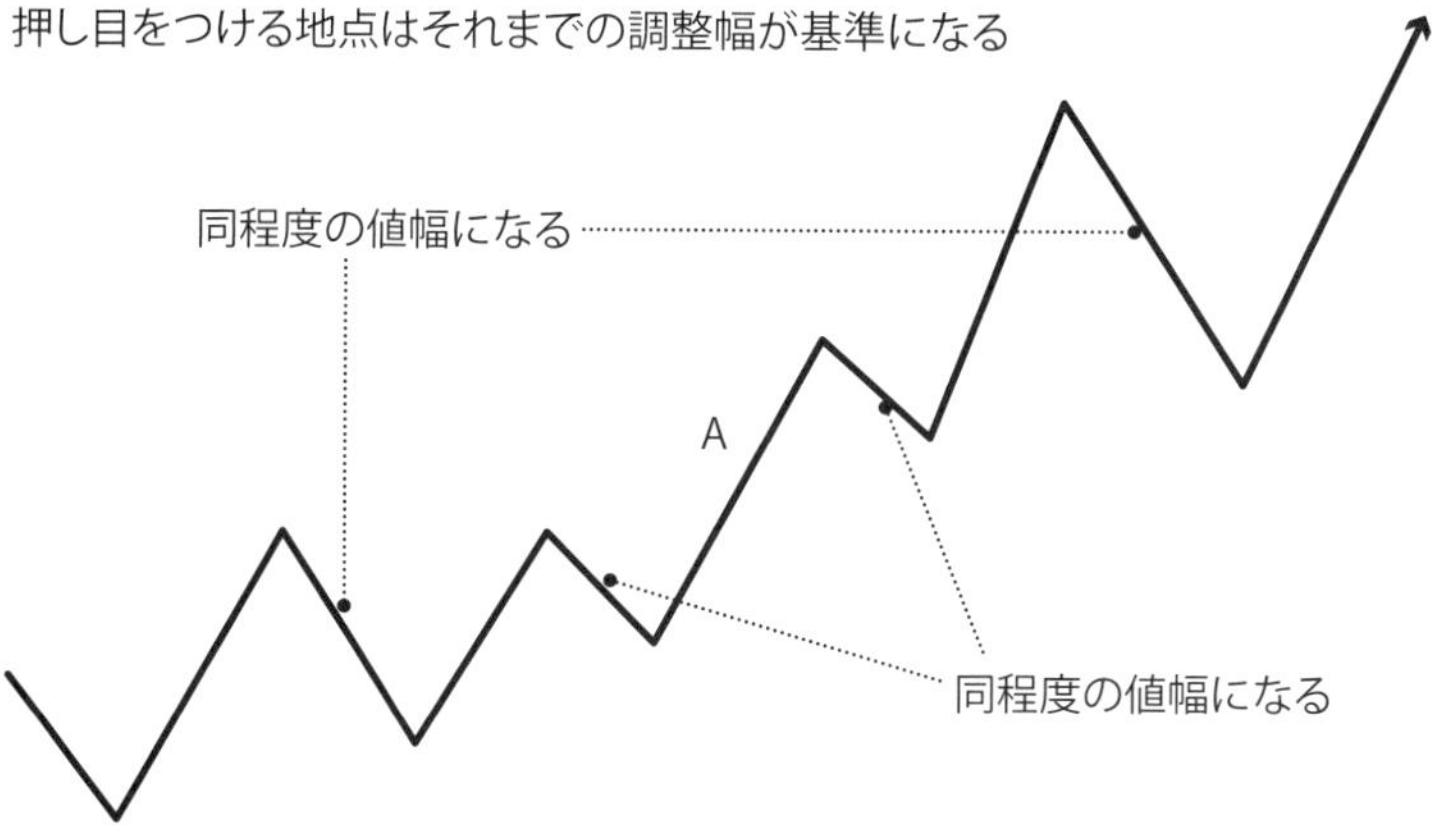


**図表5-5 ◉ 日経平均にみる調整幅の目安**

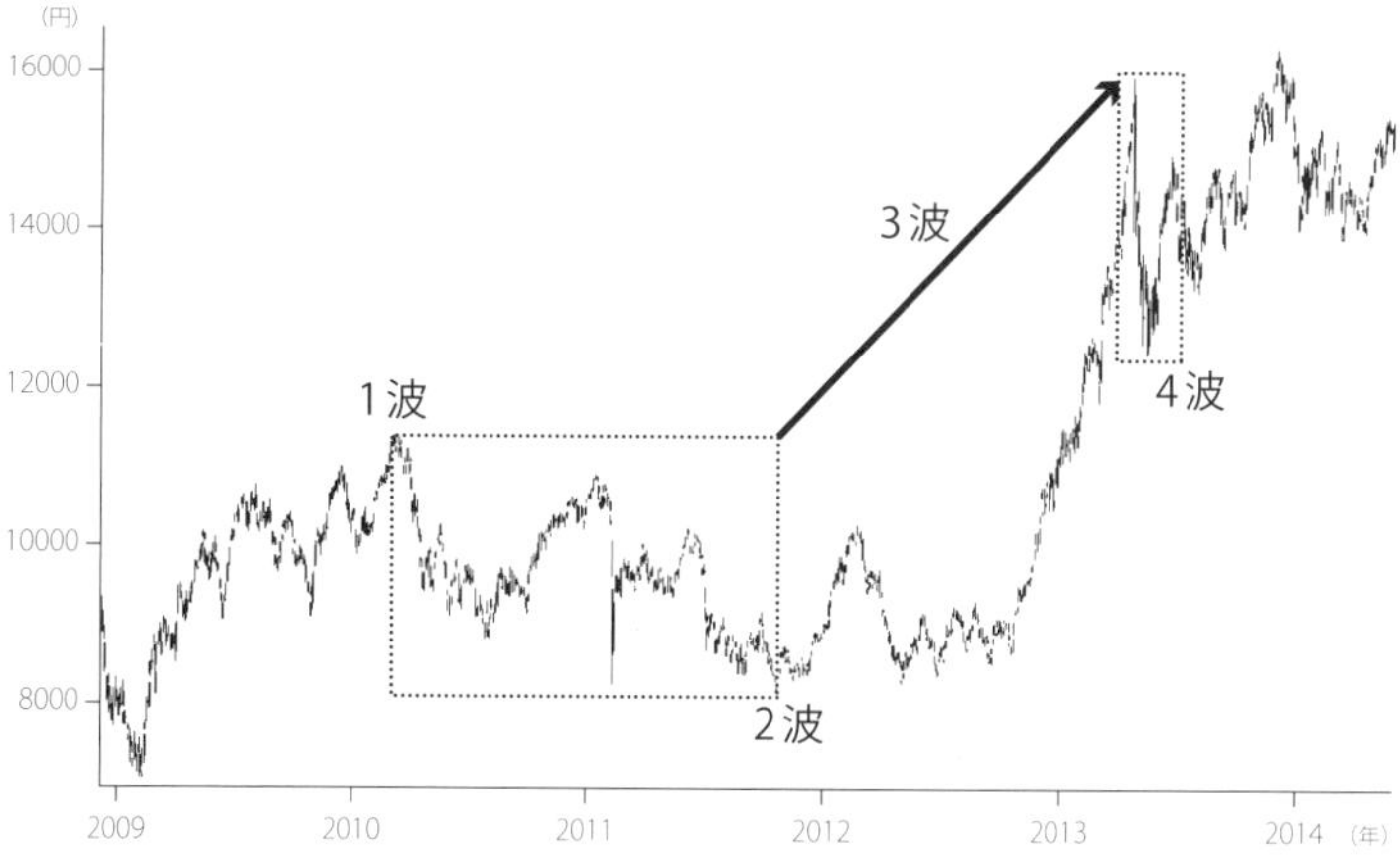

したがって、Aの地点では、次にくる調整がすぐ手前につけた小さな調整と同程度で、その次にその前の大きな調整と同程度のものが入る展開を想定しておきます。

なお、調整の目安は前の調整と同程度が基準になりますが、後の調整のほうが若干大きくなると考えておいてください。一定の流れが長く継続するような場面では、市場参加者の注目の度合いが高くなることで、初期段階よりも終盤のほうが上下の振れが大きくなりやすいからです。

**図表5―5**は、2009年3月以降の日経平均株価です。

2010年4月から2011年11月までの期間で2波の調整を経過して、2011年11月以降、3波目の上昇局面へ突入する格好になっています。

2009年3月以降の上昇が5つの波のパターンになると考えるなら、2013年5月以降の下げの下値の目安は、はっきりとわかります。

1波目の高値となる2010年4月5日の高値1万1408円よりもかなり上に位置していて、そして、2010年4月5日の高値から2011年11月25日の安値8135円までの下げ幅3273円と同程度か、若干それを超える程度まで下げると判断できるからです。

2013年5月23日以降の下げは、1万2669円と同程度か、それよりも低く、1万

１４０８円を大きく上回る地点（1万２０００円よりは上）だと推測できます（このカウントの仕方は、２０１４年後半の上昇で変更しています。５波のカウントは似た調整が2回あること、上げ方のパターンの基準であって、全体がさらに大きな流れになる場合に変更することがあります。数年をかけた5波のパターンになる場合、１年以上を予測できないという見方からすれば、その先があいまいなものになるため、ここではなぜ変更したかを省略します。５波のカウントは、その年の値動きのパターンとそれまでの動き方から基準をつくっているだけなので、翌年以降に修正を加えていきます）。

ただし、注意すべきポイントは、このような動きがあらわれる理由は、「市場参加者が共通の認識のなかで動いている場面だから」という前提があるということです。

したがって、中期的な調整の動きがあらわれる時期へ入り、一定の流れが終了している可能性がある場合、このような動きが想定される前提条件が失われますから、以前の調整幅はあまり意味を持たなくなります。中期的な調整の見方については次節で解説します。

Section
# 5-2 積極的な上昇局面での調整の動きの特徴

## 調整期間は短く下げ幅は限られる

**短期の市場参加者が積極的になっている上昇局面**（勢いの強い上昇）**では、「調整期間が短く、下げ幅が限られる」のが特徴です。**

参加者たちは短い期間で利益を得ることを目的としていて、損を出したくないという動き方になるため、調整の日柄や値位置に特徴があらわれます。

その特徴は、「日柄では、1～3営業日で調整を終了する」「値幅では、調整前の陽線の始値付近で下値を支えられる」という動きです。

また、調整期間中に「もしかして弱いのではないか」という疑いを市場参加者にもたれないような展開にならなければいけないため、上値、下値を切り下げるような、弱気サイン（上値の重さを示すパターン）ととらえられる値動きにはなりません。

以下では、勢いの強い上昇局面での調整（以下、小幅調整）のパターンを紹介します。

## 〈小幅調整〉は「3営業日前後」が目安

**図表5―6**から**図表5―11**は、小幅調整のパターンの参考例です。

小幅調整は、1～3営業日程度（長くても5営業日）で調整を終了します。1週間以上、下げ続ける展開は、短期の市場参加者が利益の得られない日柄が長くなり過ぎるため、不安心理が強くなり、共通の認識のなかで動きにくくなります。

さまざまなチャートを20年以上見続けてきた経験則でいえば、**小幅調整の期間の目安は「3営業日前後」です**。また、小幅調整の下値の目安は、「調整前につけている陽線の始値」です。

利益を得られていない期間ということを考慮すると、調整前の2日の上げ分を下げてしまうと、3営業日の調整と合わせて、5営業日も利益が得られていないことになります。

何度も書きますが、**短期の市場参加者にとって、市場から逃げる最大の理由は「利益を得られない期間が長い」ということです。**

**だからこそ、調整前に上げた分がポイントになり、調整前の陽線の始値が調整の下値の目安になっていることが多くなっています。**

**図表5―6**は、調整期間の始点を示しています。

調整前の陽線に上ヒゲがない場合、数え方は最初の陰線が始点となります。調整前の陽線に上ヒゲがある場合、上ヒゲをつけた陽線が調整の始点になります。

**図表5―7**は、陽線の始値の維持の仕方を示しています。

調整前の陽線の始値を割れる場合もありますが、そうなっても、その日のうちに反発して、終値で維持する動きになります。調整入りした初日、2日目などに下ヒゲの長い線をつけた場合、下ヒゲをつけた日の安値が意識される展開になります。

**図表5―8**は、大陽線、上ヒゲの極端に長い線をつけた後の動き方を示しています。

大陽線をつけた場合、極端に上げが勢いづいたことを示しています。人気が盛り上がって、1日の上げで、目先の上値の目安まで一気に上昇してしまった形です。そのため、大陽線をつけた後は、だいたい小幅調整入りします。強い人気を示した後の動きであるため、

## 図表5-6 ● 小幅調整の「始点」は？

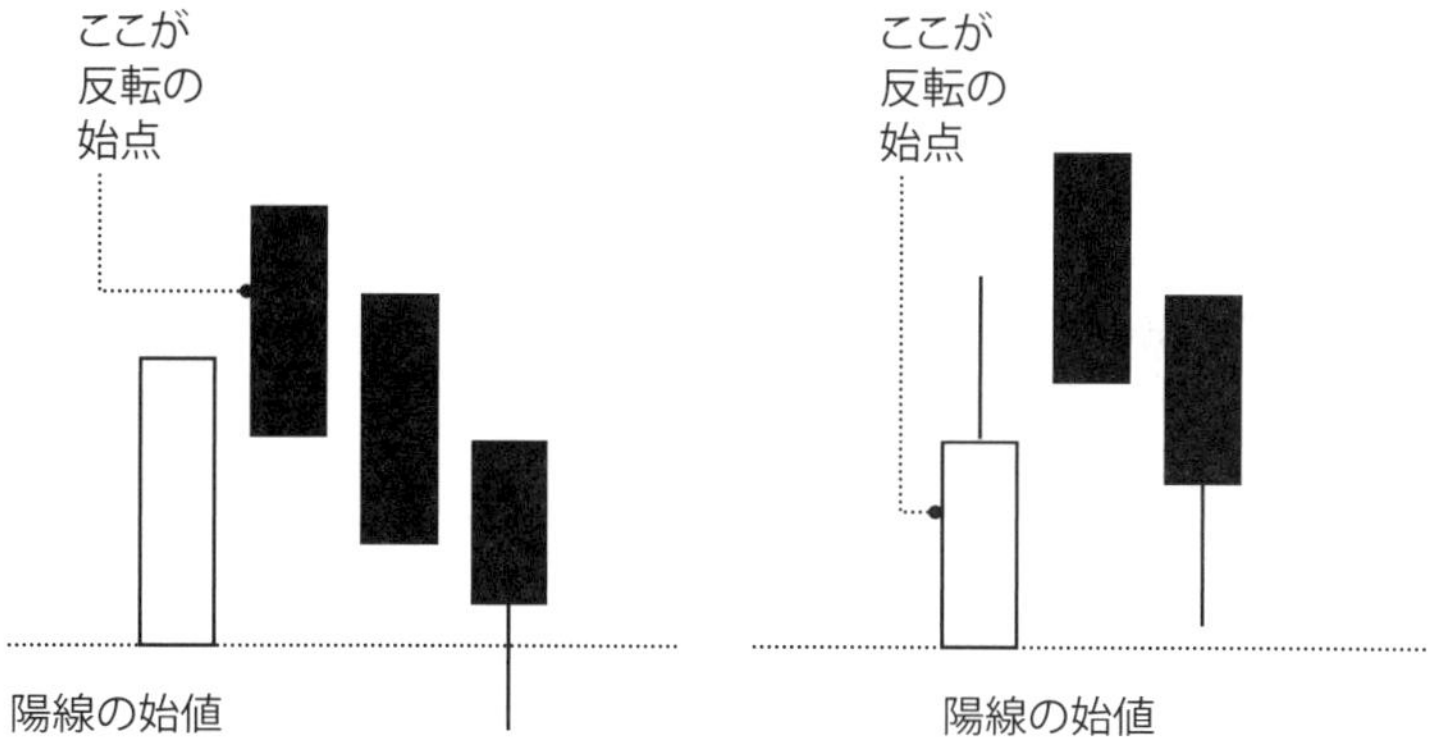


## 図表5-7 ● 陽線の始値と小幅調整の関係は？

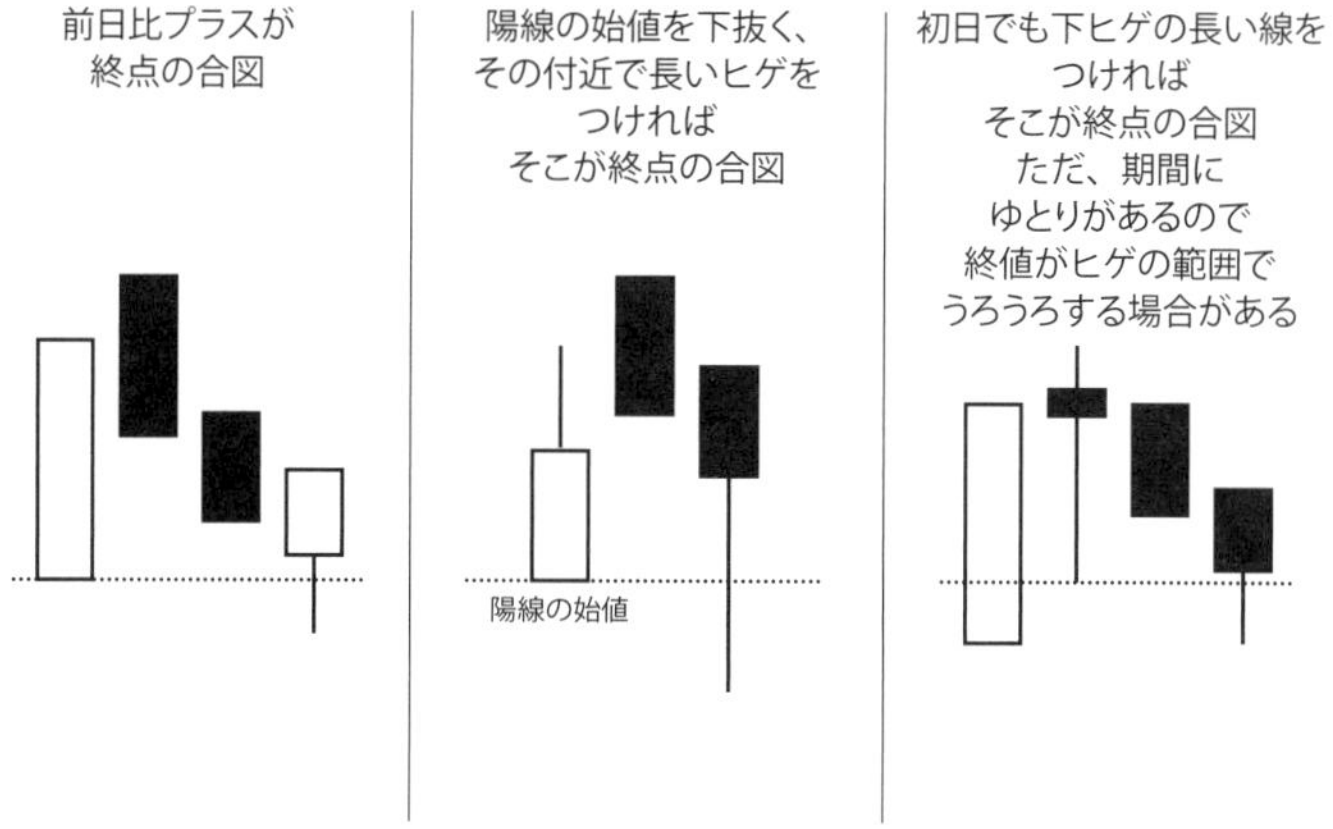

図表5-8 ● 大陽線と小幅調整の関係は？

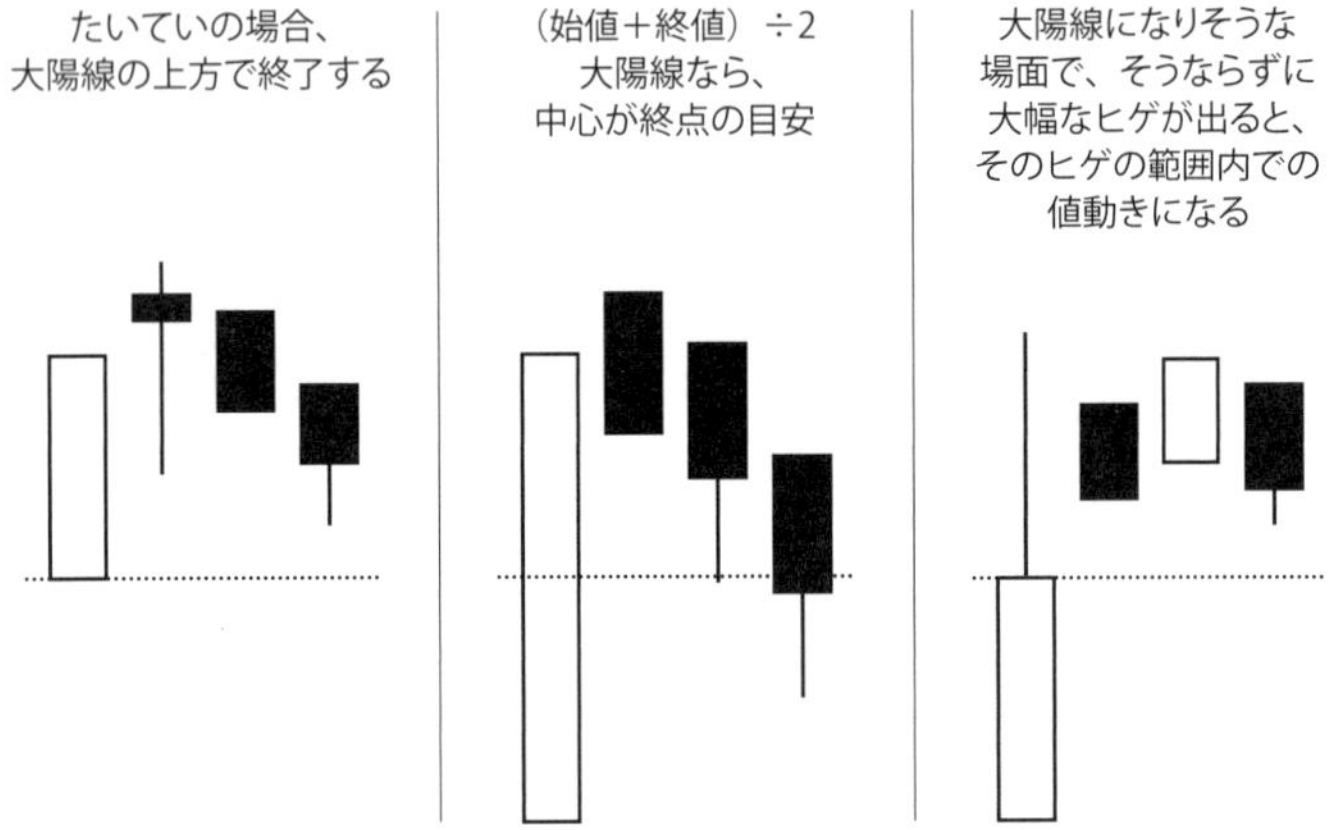


図表5-9 ● ギャップと小幅調整の関係は？

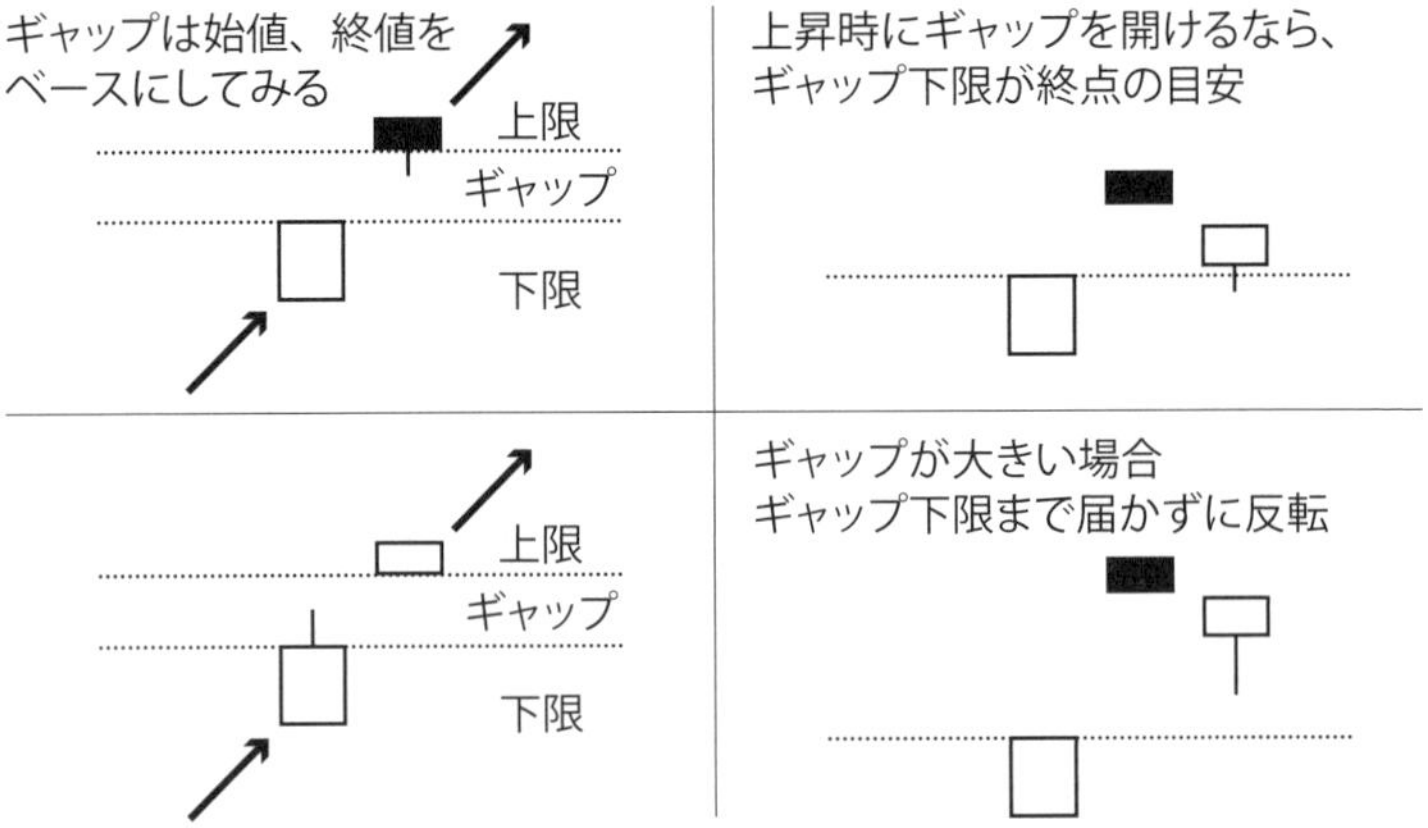

## 図表5-10 ◎ 振れ幅が大きい場合の小幅調整（その1）

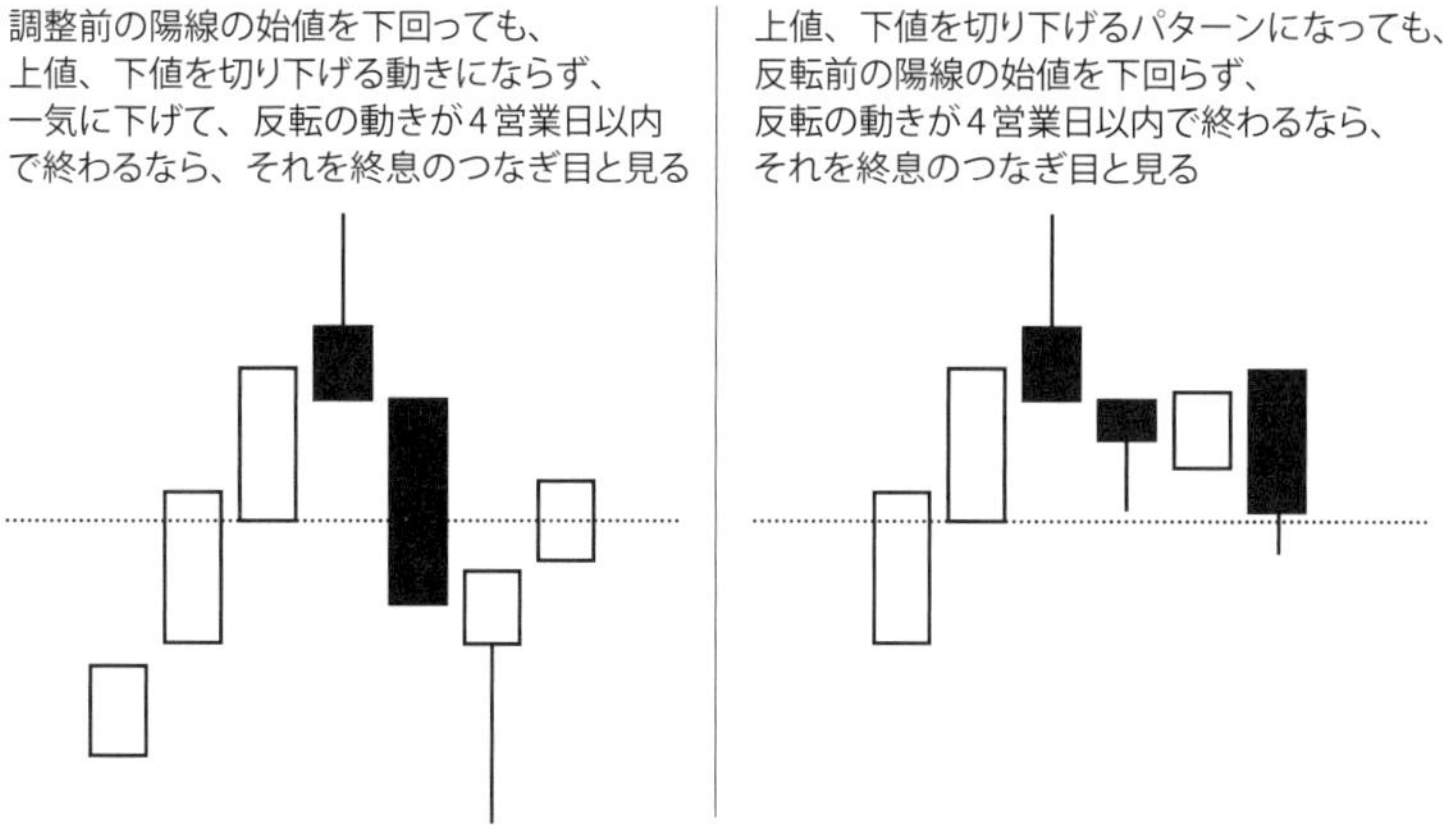
調整前の陽線の始値を下回っても、
上値、下値を切り下げる動きにならず、
一気に下げて、反転の動きが4営業日以内
で終わるなら、それを終息のつなぎ目と見る
上値、下値を切り下げるパターンになっても、
反転前の陽線の始値を下回らず、
反転の動きが4営業日以内で終わるなら、
それを終息のつなぎ目と見る

## 図表5-11 ◎ 振れ幅が大きい場合の小幅調整（その2）

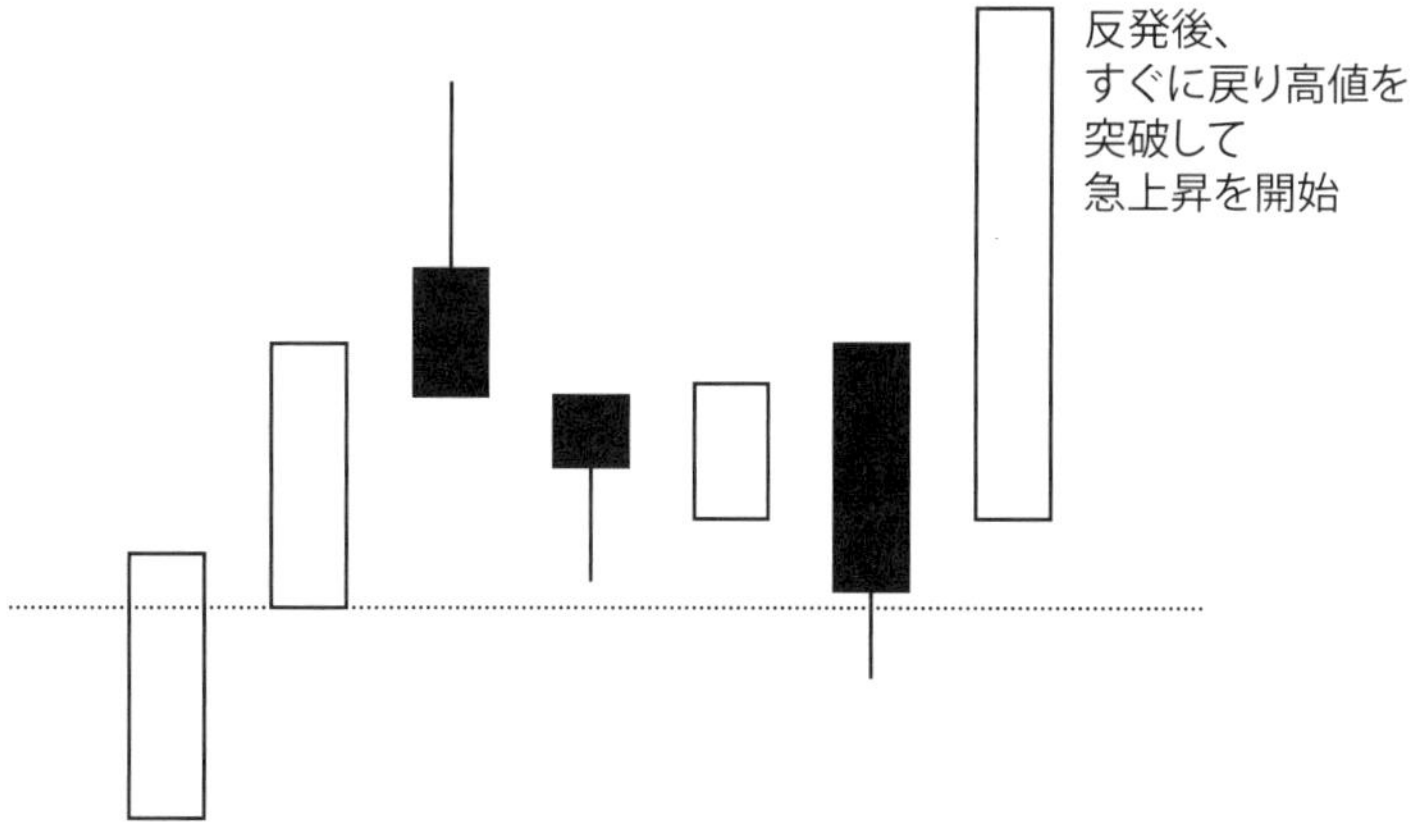
反発後、
すぐに戻り高値を
突破して
急上昇を開始

大陽線の後の小幅調整は、大陽線の高値圏でつくられることが多くなっています。

極端に値幅の大きな上ヒゲをつけた日は、振れ幅が大きな上げを経過した当日にその振れ幅分の調整を経過した動きです。上ヒゲが反転下降のきっかけにならないなら、小幅調整は、だいたい上ヒゲの部分で横ばいに推移します。

**図表5―9**は、ギャップ（終値と始値が基準）を開けたときのパターンを示しています。

ギャップを開けた後の小幅調整は、ギャップ下限を維持する格好で調整を終了します。1営業日の反落で終わっていることが多いようにみえます。

**図表5―10**、**図表5―11**は、振れ幅が大きくなった場合や、上値、下値を切り下げる動きになっているときの小幅調整のパターンを示しています。

下げ幅が大きくなっても、2営業日程度の日柄で、一気に下げるパターンであるなら、小幅調整である可能性があります。

上値、下値を切り下げる動きとなっても、調整前の陽線の始値が意識される程度の動きであり、3～4営業日程度の範囲の動きなら、小幅調整である可能性があります。

どちらの場合も弱気だと意識される可能性があるので、反転後は、1～2営業日で、すぐに弱気の見方を払しょくできる上げ、すなわち高値に接近するか、高値を更新する上げがあらわれます。勢いの強い上昇を継続しているとみているなら、上げ幅が大きくなることを事前に想定しておくことができます。また、そうならなければ、勢いの強い上昇が終息しているという判断ができます。

## 「小休止の調整」とは何か？

勢いの強い上昇の流れは、小幅調整を繰り返しながら継続します。

この勢いの強い上昇が終わり、いったん「小幅調整の範囲を超える調整」が入っても、まだ完全に全体の上昇の流れが終わったわけではありません。上昇傾向のある時期で、買い人気が強い状況であれば、いったん下げても、再び上昇を開始する可能性があります。

ここでは、そのような**「小幅調整の範囲を超える調整」**を**「小休止の調整」と呼ぶ**ことにします。

小休止の調整は、小幅調整よりも日柄が長く、値幅の大きな調整になりますが、まだ戻り高値を大きく上回る上昇を残していて、積極的な市場参加者が残っている状況での調整のため、値動きに特徴がみられます。以下では、その特徴的なパターンを紹介します。

## 〈小休止の調整〉は最初につけた目立った押し目を割れない（または意識される動きになる）

小幅調整においては、期間と動き方が意識されていたのに対し、小休止の調整は、下値堅い動き、すなわち「下値を切り下げない動きが意識される展開」になります。

具体的には、**「最初につける目立った押し目が市場参加者に意識される」動き方です。**

最初の下げ場面で、小幅調整ではないとわかると、積極的に仕掛けてきた側の手仕舞いが加速します。この手仕舞いが一巡すると、上げ難い、下げ難い状況ができます。

このとき、時間待ちの動きか積極的な下降の流れへ入るなら、押し目の値位置が意識されることなく、一段安となりますが、短期の市場参加者に「まだ上値余地がある」と考えている人が多ければ、値位置が意識される取引になるため、最初につけた目立った安値を割れない展開になるわけです。

**図表5―12**は、小休止の調整のパターンを示しています。

最初の反落後、3営業日以上の日柄をかけて、上値、下値を切り下げた動きを確認することで、積極的に仕掛けてきた市場参加者の手仕舞いが増加します。

手仕舞いが一巡したところで押し目をつけますが、このとき、まだはっきりと天井を確認する作業を経過していないことで、残っている買い人気が盛り上がり、比較的上げ幅の大きな動き、戻り高値に接近するか、ここを一時的に超える動きがあらわれます。

いったん手仕舞いが加速した相場のため、戻り高値に近付くと、再び手仕舞いが増え、再度下値を試す流れへ入ります。このとき、小休止の調整なら、最初の押し目の値位置が強く意識される展開になって、下値を切り上げる動きになります。一般的にいわれている三角形型、ボッ

**図表5-12 ● 小休止の調整のパターン**

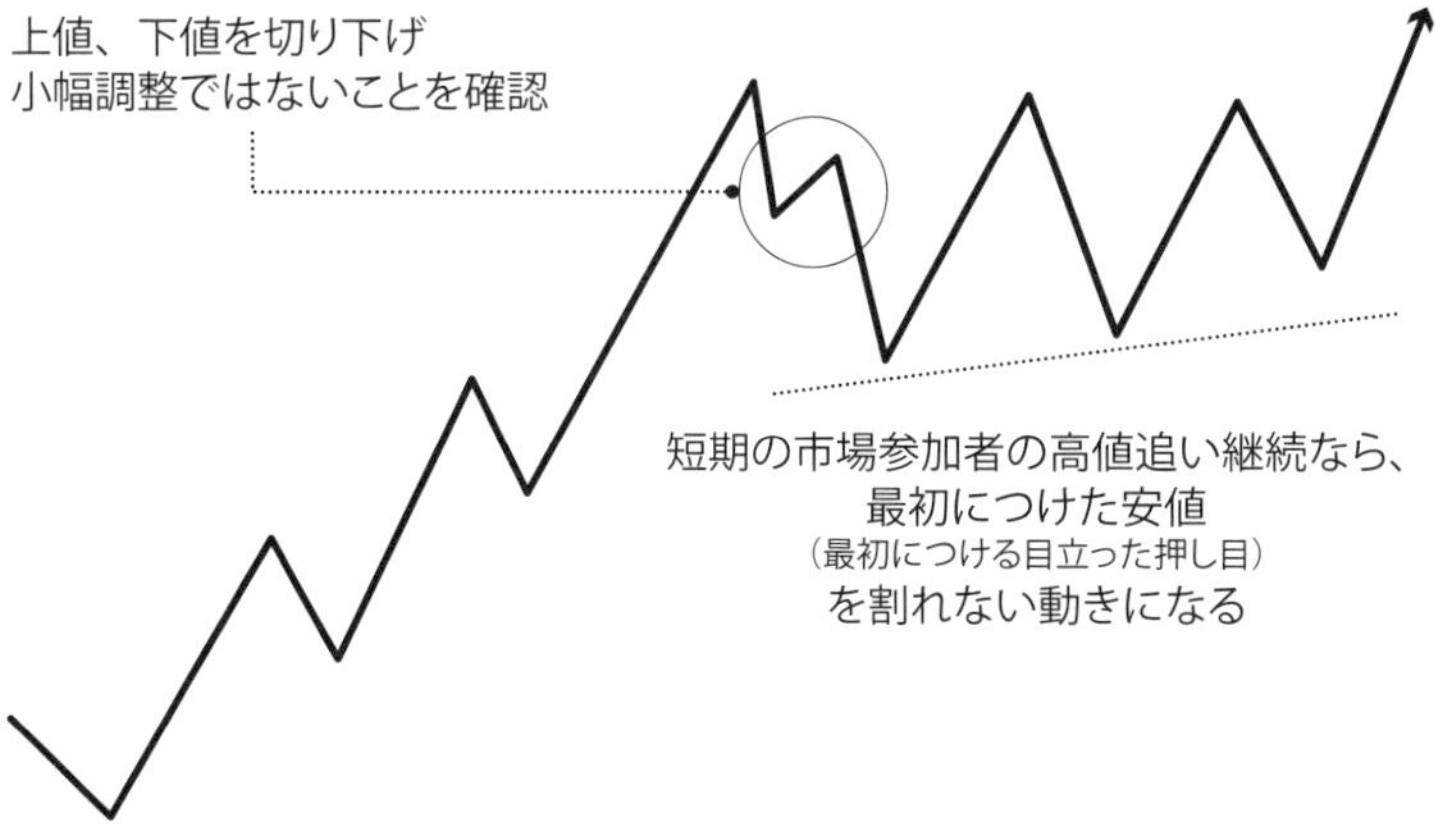
上値、下値を切り下げ
小幅調整ではないことを確認
短期の市場参加者の高値追い継続なら、
最初につけた安値
（最初につける目立った押し目）
を割れない動きになる

クス型などの調整は、レンジ内の動きをしているのではなく、下値が意識されている展開になっているためにあらわれる動きです。

**図表5—13**は、小休止の状態と時間待ちの状態でのボックス型もちあいの動き方の違いを示しています。

左側が時間待ちの状態です。ボックスのレンジ下限が最初につけた安値にならず、最初の安値を何度も割れる動きになります。

右側が小休止の状態です。利益を追求している市場参加者の積極的な動きが残っているため、最初の押し目を割れない動きになります。

**図表5—14**は、時間待ちの動きの典型的なパターンです。

図表5－14の左側は、レンジ上限、下限がはっきりしないボックス型、図表4－18の右側がジグザグに上値、下値を切り下げるパターンです。右側は下値堅いのですが、手仕舞いが出るため、下値を掘り下げやすい状況になっています。

両方で共通しているポイントは、下げやすい時期の動きであること、長くだらだらとした動きとなっていて、ジグザグの山谷が何回つけたら終了という見方ができないことです。

積極的な買いの入る条件が整うまで、だらだらとした流れが継続します。

**図表5—15**は、小休止の調整の典型的なパターンです。

図表5-13 ● 時間待ちの保ち合いと小休止の違い

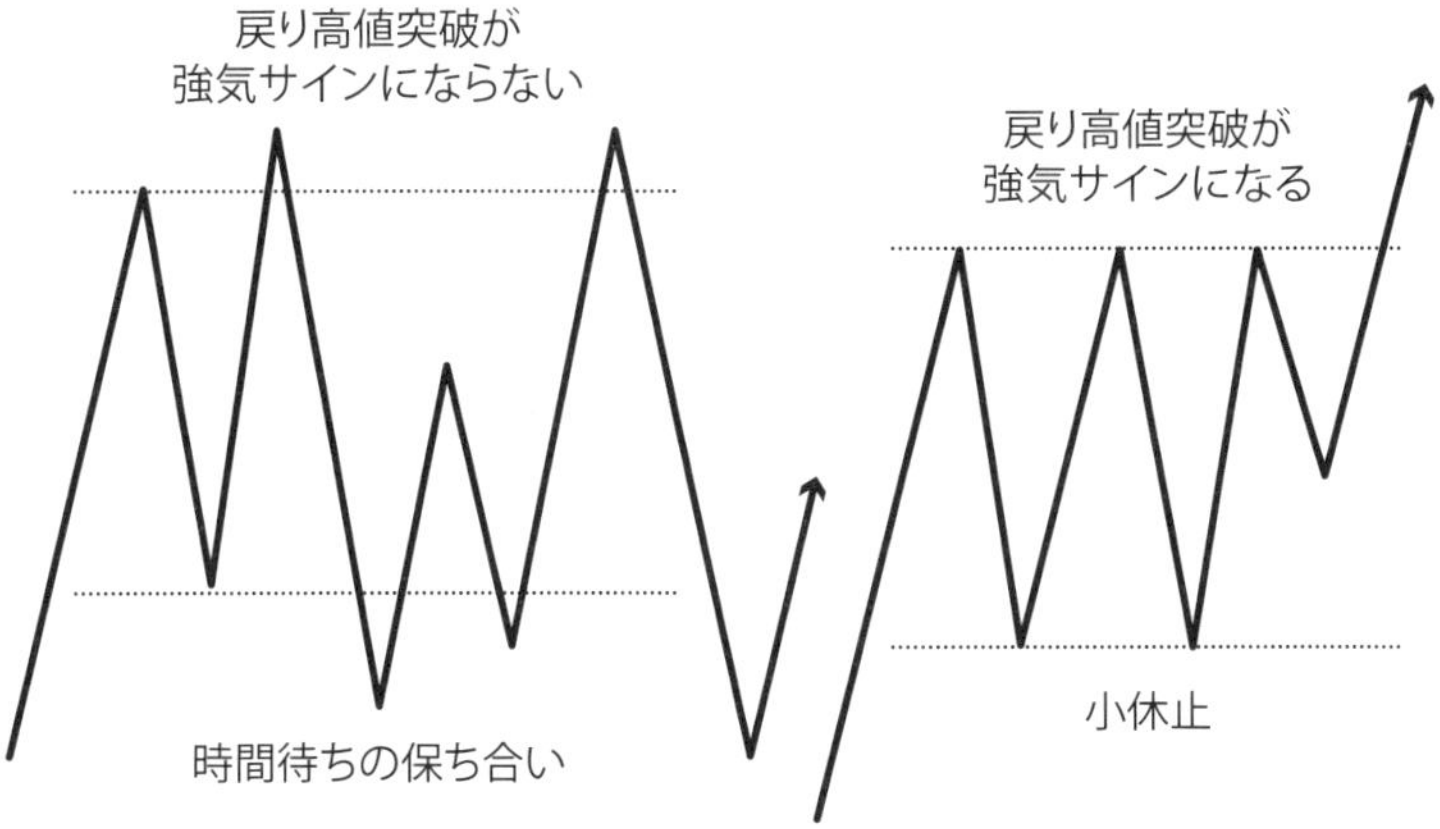


図表5-14 ● 典型的な時間待ちの状態のパターン

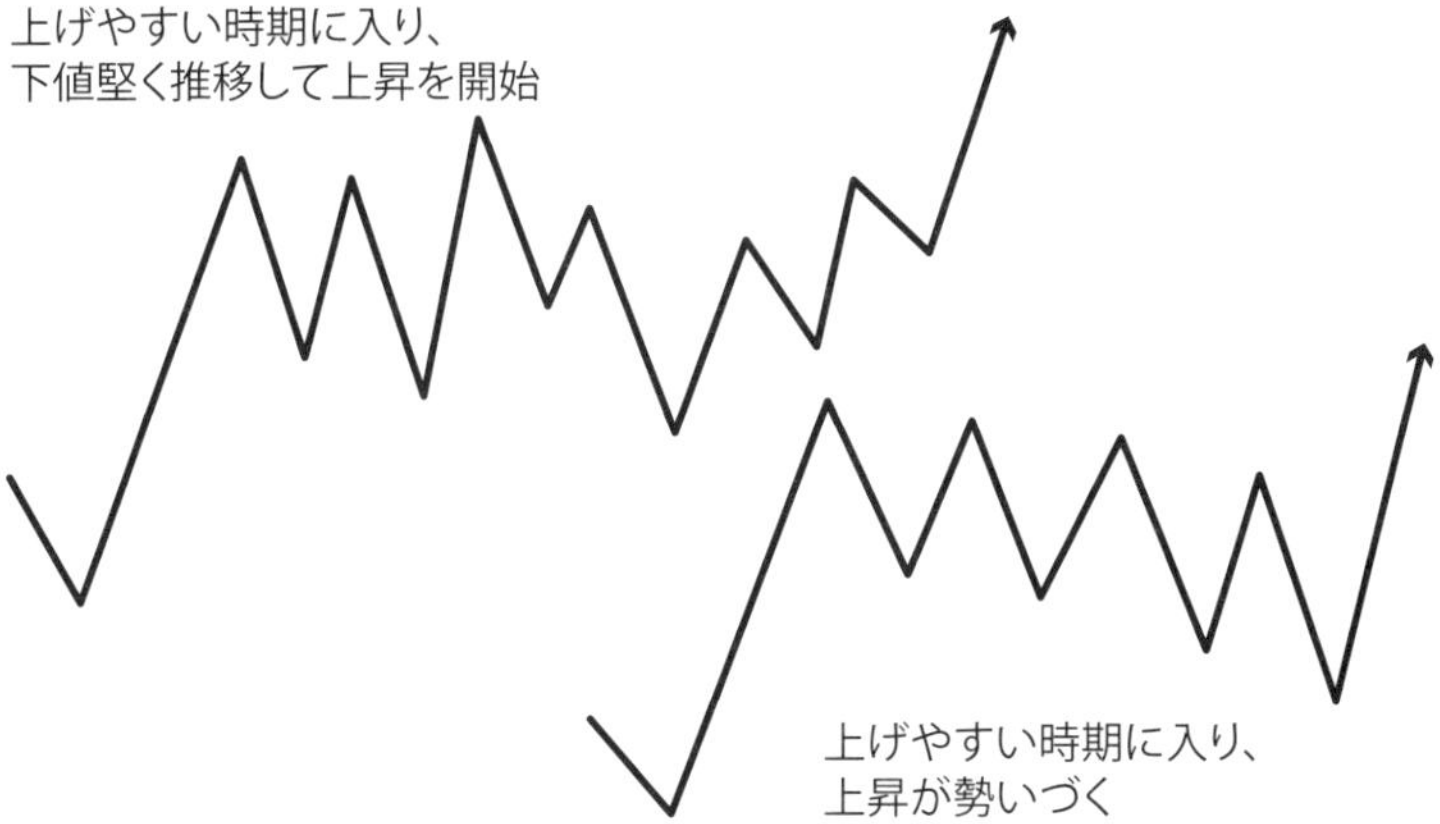

図表5-15 ● 典型的な小休止の状態のパターン

ボックス型、三角形型は5つの波で終了する

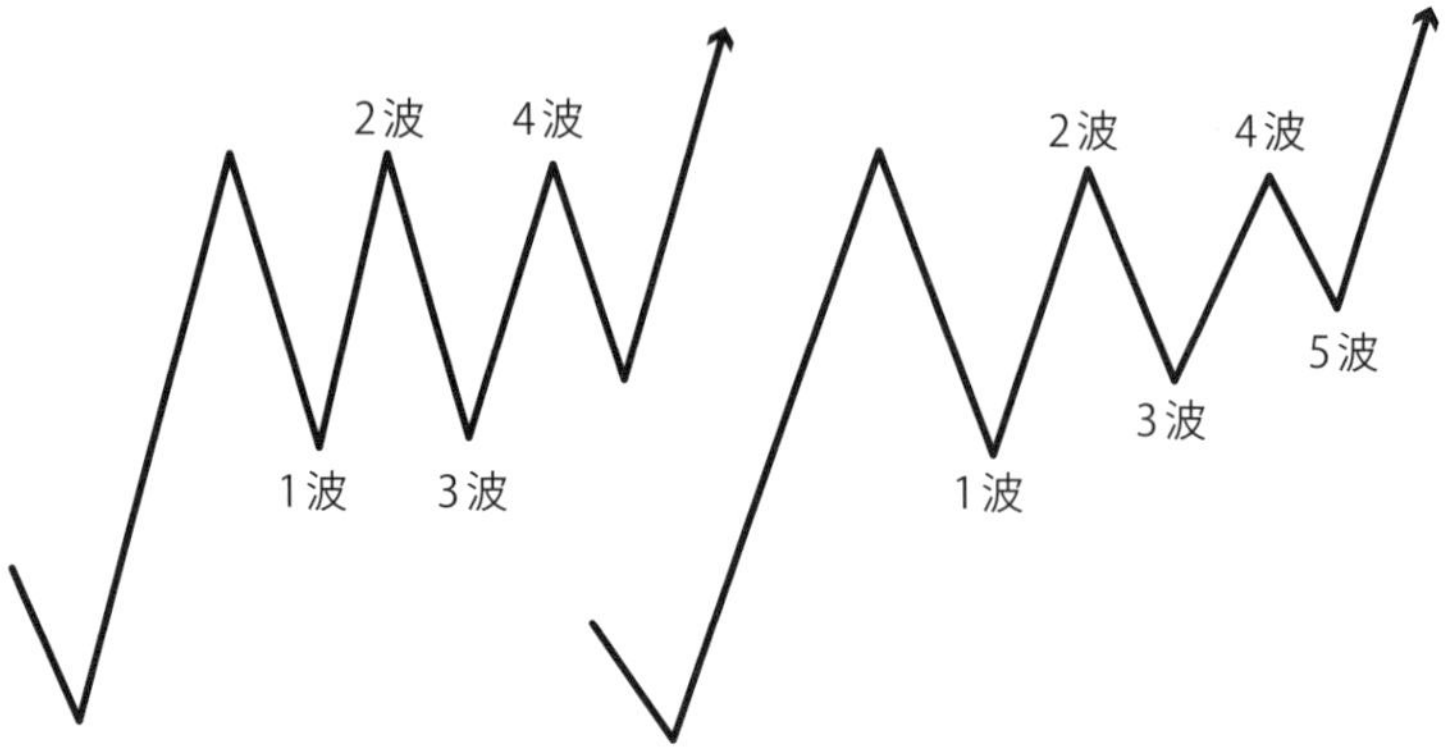


図表5-16 ● 3つ目の押し目の後の動きが強弱のポイント

上値、下値切り下げる調整は2〜3の山谷で終了

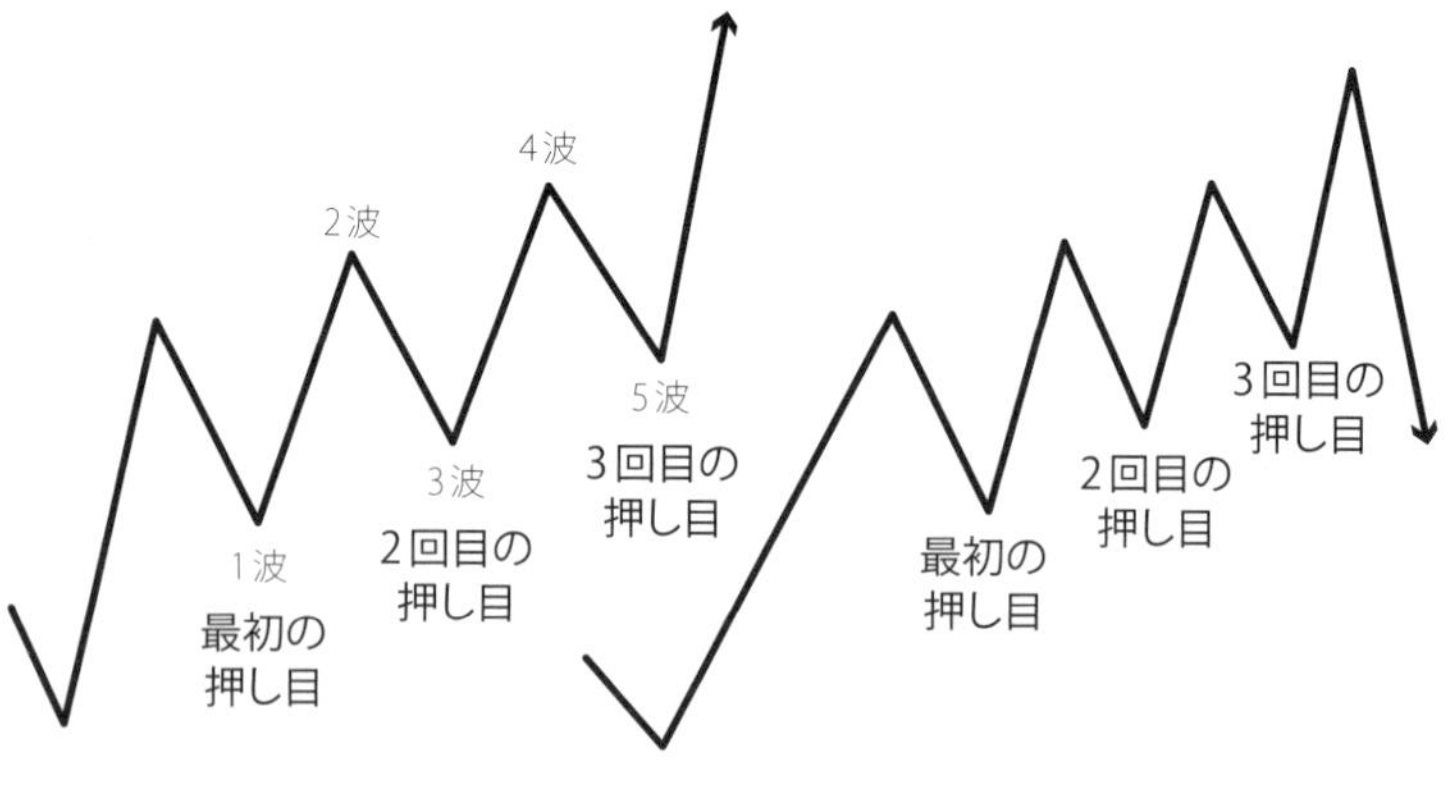

時間待ちの調整は、条件が整うまで流れを継続し、条件が整わずに積極的な下げの流れへ入る可能性もあるなど、いつまで続くかを正確に推測することができません。これに対して、小休止の調整は、長くだらだらとした動きにはならず、上げやすい時期の範囲で完結する動きです。気の短い短期の市場参加者が上がるタイミングを待っている状態です。

これが長くだらだらした動きになるなら、短期の市場参加者の注目が薄れ、そのまま時間待ちの調整に変化するか、下降の流れへ転換します。

小休止の調整は、ジグザグが3波目（図を参照）で終了するか、5波目で終了するパターンがよくみられます。

**図表5—16**の左側も小休止の調整です。

三角形型、ボックス型の保ち合いを形成する予定の動きが、上値を切り上げる展開となることによって、上値、下値を切り上げる格好のジグザグを形成します。

**図表5—16**の右側は、5波目、3回目の押し目で調整が終了せず、長くジグザグを継続する展開になるパターンです。このような場合、その過程で下げやすい時期へ入り、上昇から下降（または時間待ちの調整）へ変化する動きへ変わります。

ジグザグのパターンがあらわれたら、3回目の押し目の後、上げが勢いづいて上げ幅が大きくなるかどうかが、上昇を継続するか否かのポイントになります。

上げ幅が大きくなる場合、次の調整が入っても、その前の調整の戻り高値を割れない程度の地点（上昇5波の1波の終点と4波の押し目の関係）が最低限の上げ幅の目安になります。

## 調整へ入れば、その先の展開がみえてくる

このように調整の意味の違い（2種類の調整があるということ）と、調整の入っている時期の違いさえわかっていれば、上昇していた価格が反転した場合、その下げがどんな意味をもっているのかを判断することができます。

また、事前に「こうなればこう動く」「こうならなければこう動く」といういくつかのシナリオを用意しておくことができます。

**調整の動きへ入ると、その後の展開、積極的な上昇を継続する可能性があるのか、小休止の調整になるか、時間待ちの調整（またはそこから続く積極的な下げ）になるのかを推測できるということです。**

調整が入るごとに、次の展開を予測する精度が上がっていくわけです。

Section 5-3

# 積極的な上昇局面がいったん終了するときの動き

## 〈中期的な調整〉は「半値押し」が目安

中期的な調整（一定の流れが終了した後の調整）の幅は、50％（半値押し）を中心に、上下11・8％の範囲（38・2～61・8％）が目安になります（**図表5―17**の左側）。

一定の流れが終了した後というのは、市場参加者が値位置にこだわっている場面での調整ではないので、この数字に格別の根拠はなく、以前より言われている目安に過ぎません。

したがって、一定の流れができていて、その方向への行きやすさがある時期に、一気に振れ幅の大きな反転の動きが現れる場合、まずは半値押しの地点あたりでいったん止まると考えておきます。

なお、**図表5―17**の右側のように、それまでの上昇、下降幅の大部分を押し戻す動きがあらわれたら、次にその前の高値、安値を抜けるときは、次の上げやすい時期、下げやすい時期になるか、当分抜けられないとみます。

## 上昇の終了①
## すべてを押し戻す動き

振れ幅が大きく、日柄の長い上昇の流れが抜ける場面では、「これ以上へ行かない」ことを示す値動きがあらわれます。「これ以上へ行かない」ことを示す動き方には2通りがあります。

図表5-17 ● 積極的な上昇局面が終了したあとの調整幅

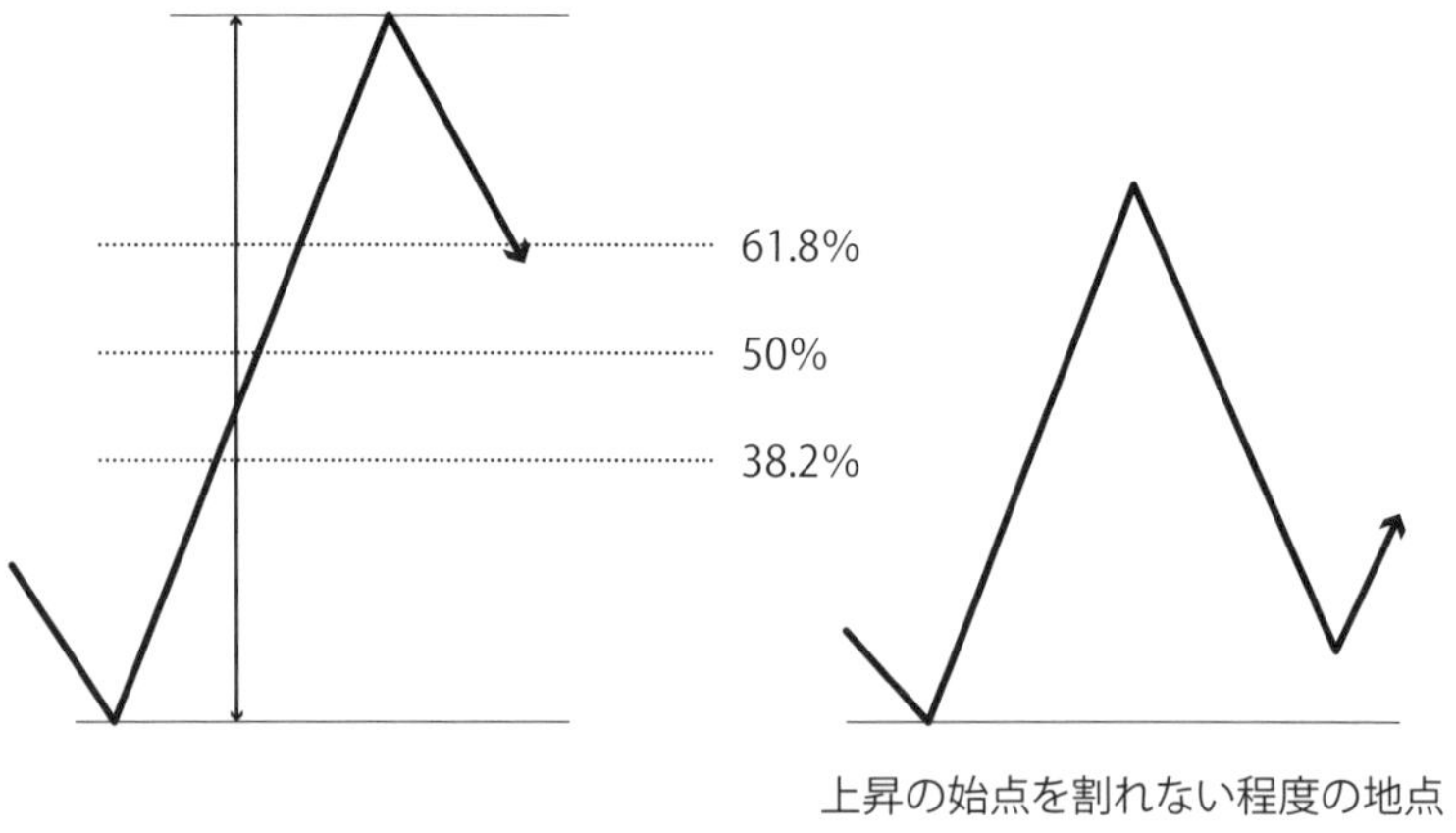

1つ目は、**それまで以上に振れ幅が大きな動きがあらわれた後、その振れ幅の大きくなった上げ分のすべてを押し戻す動きです。**

**図表5―18**は、2013年5月に日経平均株価が戻り高値をつけたときの動きです。

2012年年末から2013年4月までの上昇の角度と、2013年4月以降の上昇の角度が異なっていることがわかります。

上昇の最終段階では、一定の流れができ、似たパターンで上げ続けること、上げやすい時期へ入っていることなどから、上昇に対する安心感が広がっており、人気が過熱しやすい状況になります。

図表5-18 ● 2013年の日経平均の動き

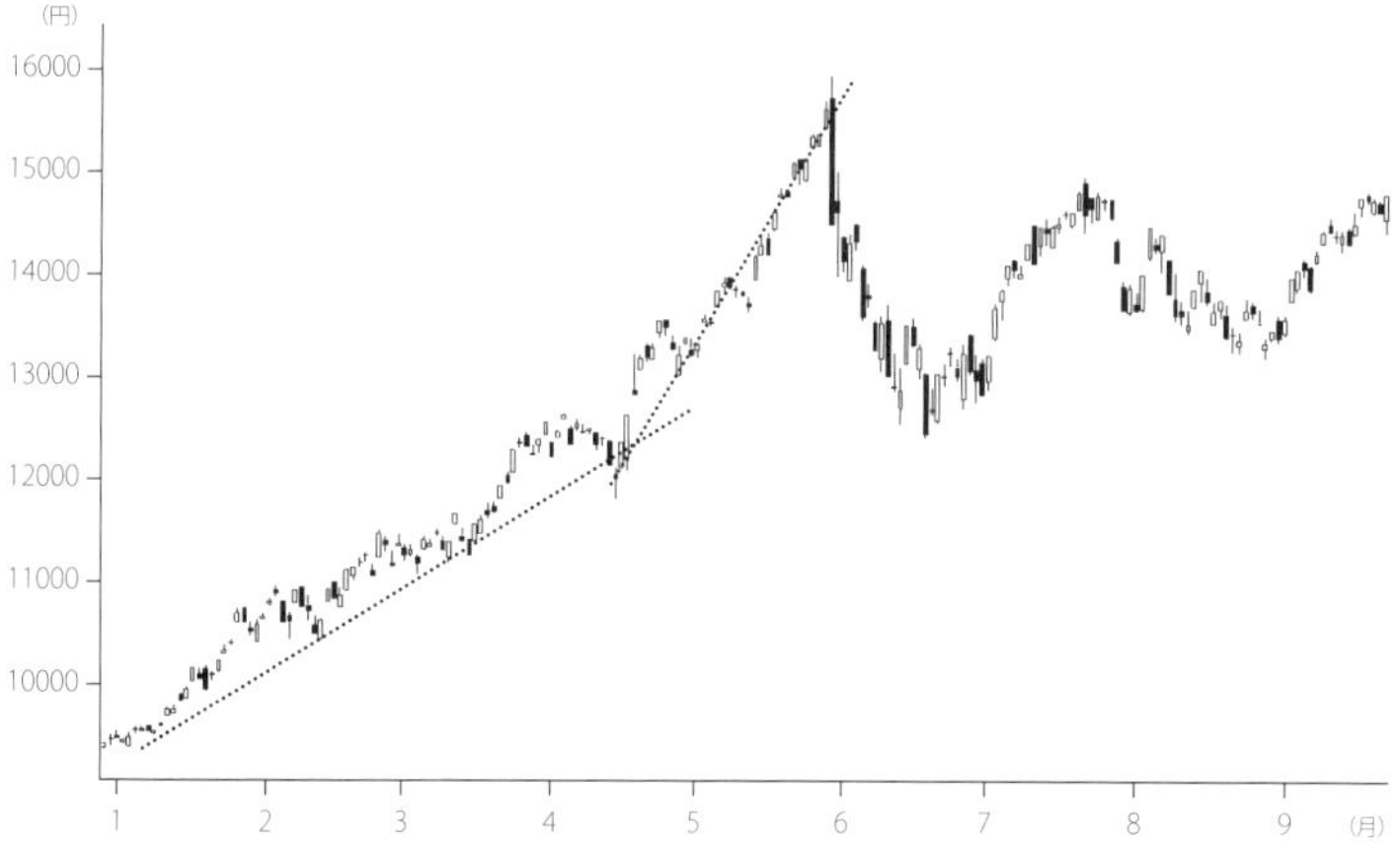

そのため、上昇の最終段階では、1日の振れ幅がそれまで以上に大きくなり、上昇の角度（速度）が上がります。

積極的な行動を仕掛けている側は、一気に目標へ到達する動きがあらわれたら、いったんそこから逃げる作業へと入ります。

たとえば、反転前の戻り高値が目標とする場所だとみていた市場参加者が多ければ、積極的に仕掛けていた側の大部分が逃げることになるため、価格は「これ以上行かない」動きとなり、その後、極端に勢いづいた場所、始点になる場所までいったん下げることになります。

そのような一連の動きを経過すると、それまでの日柄の長い、値幅の大きな上昇がいったん終了したということを判断できます。

このように書くと、たとえば、「日経平均株価の2013年5月23日までの上昇が終了したと判断できるのは、4月2日の安値付近まで下げた6月の時点になるので、遅すぎて意味がない」という反論があるのではないかと思います。

よく考えてみてください。

第2章で紹介したとおり、日経平均株価は、5月に下げ傾向があり、年間の変動幅の目安が大きい年で5000円、6000円です。

1月の安値1万398円から5544円の上昇を経過して、4月までの上げやすい時期を経過し、5月に入っているわけです。だとすれば、5月に上値を抑えられる動きがあらわれるだろうということは、事前に考えておかなければいけません。

準備ができていれば、5月23日に22日の安値1万5432円を割れて、足型で弱気の抱き線の格好になった時点（場中の時点）で、これまでの流れと異なると判断できていたはずです。または、その前に「目標は達成した」ということで投資をやめておき、上がっても、「この先の上げ幅は限られる」と達観できたはずです。

そういう考え方ができるように、シナリオを描き、そのシナリオに従って取引することを勧めているのです。あらかじめ準備できていなければ、その取引は最初から負けているのです。

## 上昇の終了②
## ジグザグの天井をつけて終了するケース

上昇の動きがいったん終了する場合のもうひとつのパターンは、**図表5—16**の右側のような展開です。

**上げやすい時期へ入り、上げ幅を拡大するはずの価格が、戻り高値を更新しているものの、想定できる上げ幅にならず、ジグザグに推移する場合も、上昇が一旦終了する動きです。**これは、多くの市場参加者が「ジグザグの最初の高値以上の上値が限られる」と考えているサインになります。

そのような展開になる場合、上げやすい時期の終盤、または下げやすい時期へ入ると、一気に価格がジグザグの始点まで下げて、その後のもみ合いを経過した後、下げ幅を拡大する動きになります。

**図表5—19**は、2003年以降の日経平均株価の日足です。また、**図表5—20**

図表5-19 ● 2003年から2007年の日経平均の動き

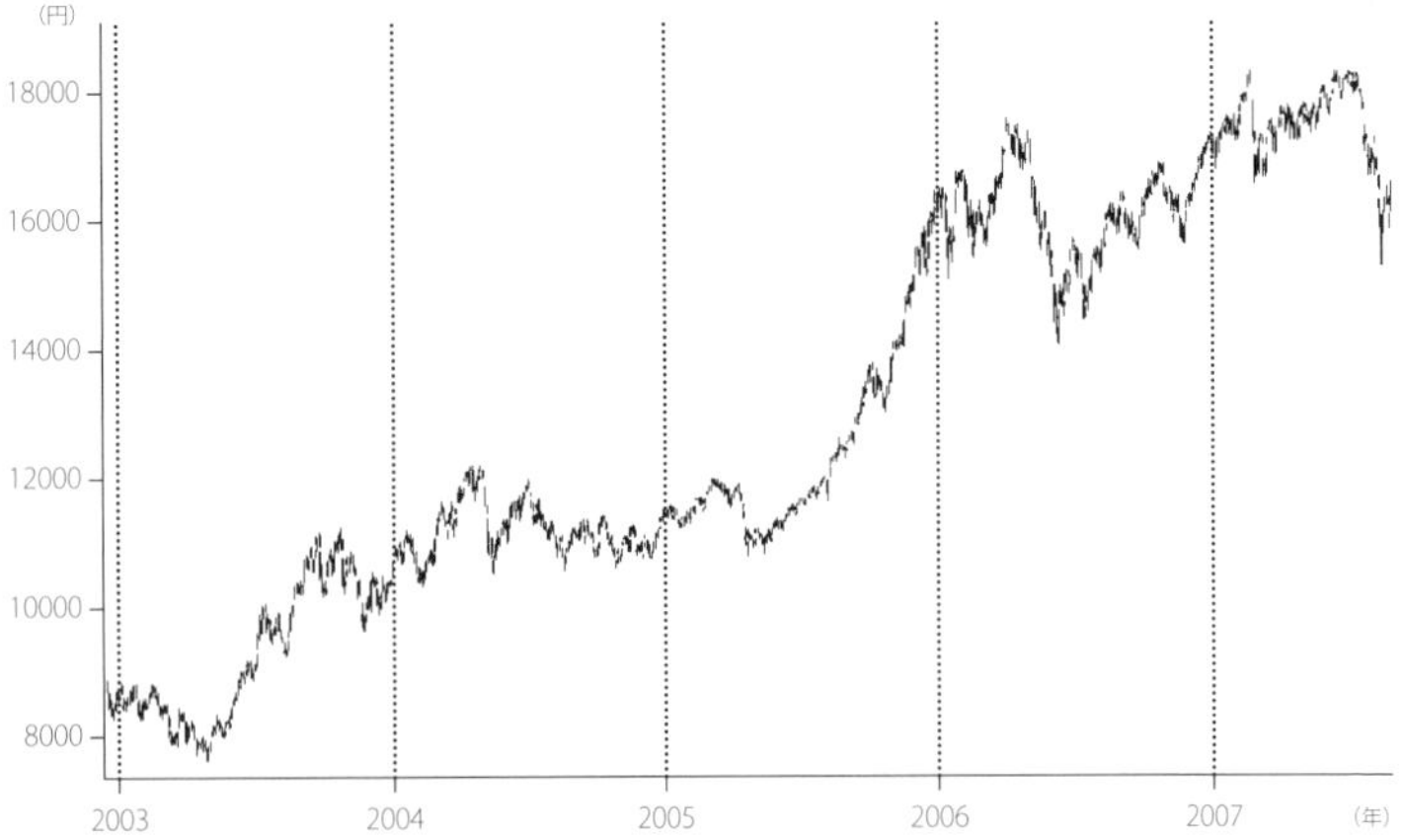

は、２００７年の日経平均株価の日足です。

　これをみると、２００３年から大幅な上昇局面へ入り、その上げが２００７年６月20日の高値でピークをつけて、下降局面へ入っています。

　２００３年からの上昇を継続するならば、２００６年６月からの下値を切り上げる動きを経過して、２００７年は、再び上げ幅を拡大する可能性のある年だったといえます。

　２００６年６月から２００７年３月までの期間で振れ幅のともなったジグザグに下値を切り上げる上げを経過して、３月以降、上げ傾向のある４月、６月へ向けて、上げ幅を拡大する可能性がありま

図表5-20 ◎ 2007年の日経平均の動き

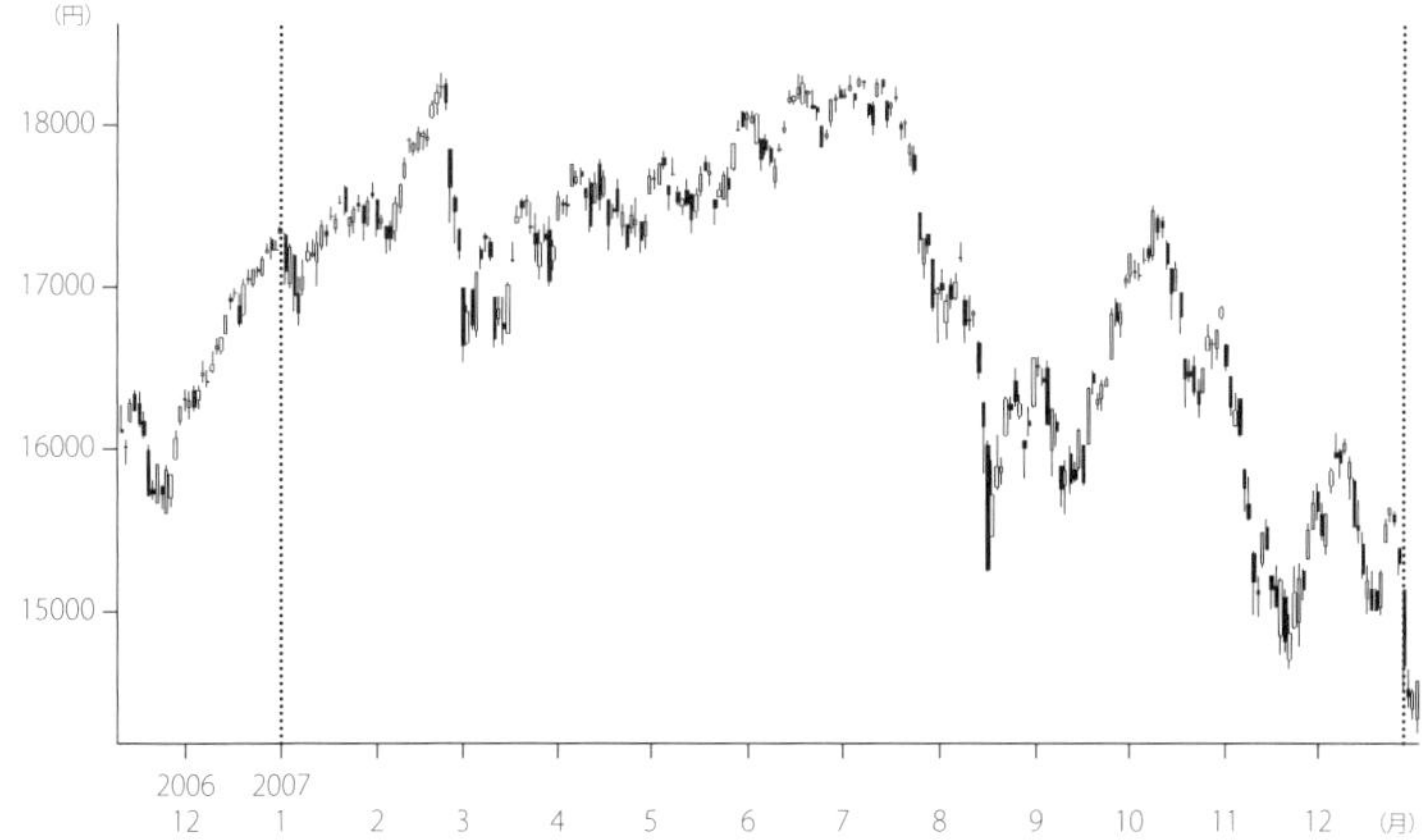

した。

それにもかかわらず、3月、4月、5月、6月とジグザグに推移して、2007年2月26日につけた高値1万8300円が意識されていることを示す動きとなりました。

3月から6月までに上値の重さが明確になったことで、6月以降の価格は、下げやすい時期へ入り、一気に下げ幅を拡大しています。

**図表5―21**は、2008年の日経平均株価日足です。

3月に押し目をつけて上昇を開始しています。3月の安値1万1691円は、2003年3月から2007年6月までの上げ幅の61・8％押し（一般的に知られ

図表5-21 ● 2008年の日経平均の動き

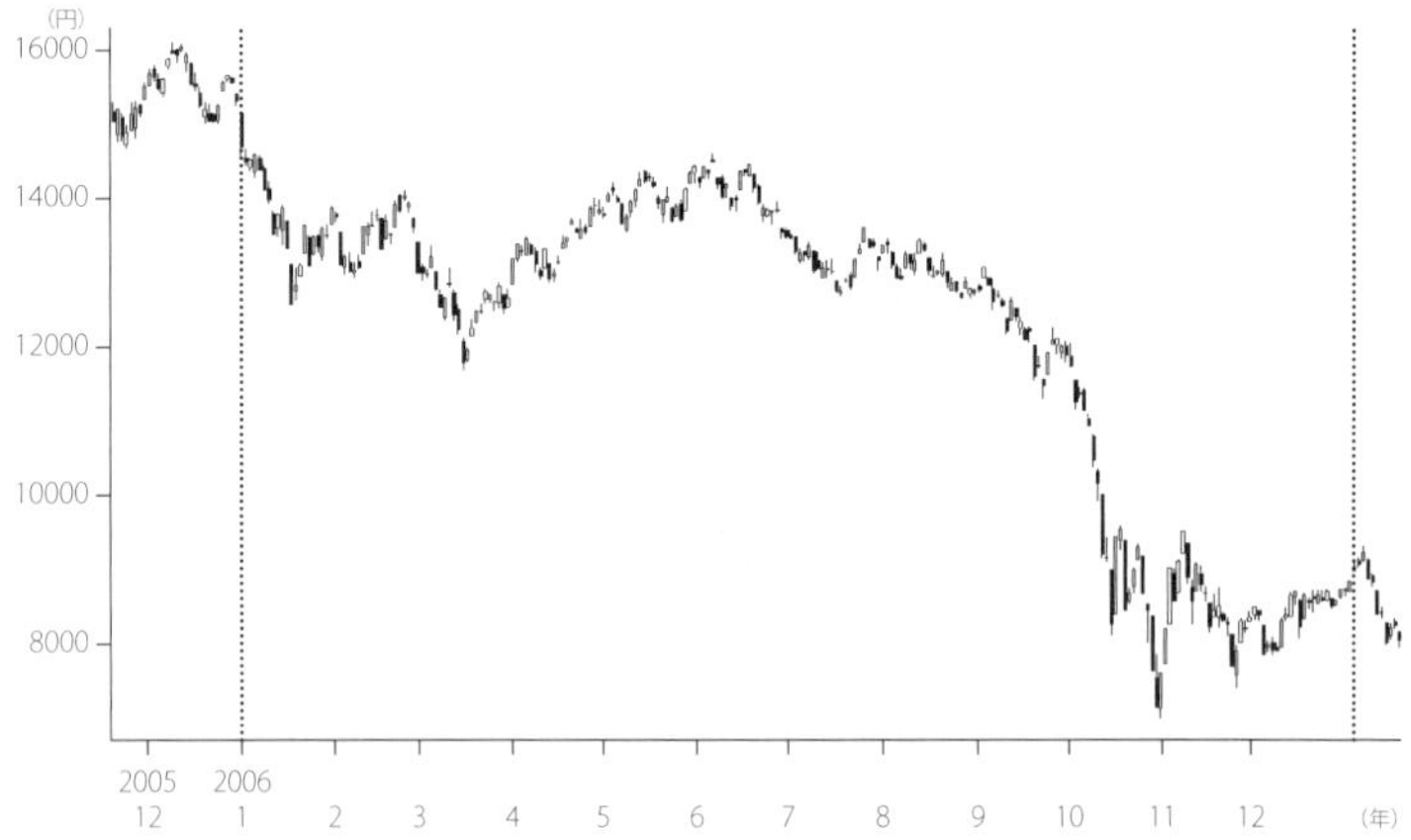

ている下げ幅の目安）にあたります。

節目になる値位置、時期に押し目をつけたため、２００８年以降の価格が２００７年の高値１万８３００円を再度目指す展開になるなら、３月から６月の期間が積極的な上昇の流れとなって、上げ幅を拡大していたはずです。

しかし、２００７年と同様、この期間にジグザグに上値、下値を切り上げる動きとなって、上値を拡大できなかったことで、上値の重さを再確認する格好となって、下げやすい７月以降を前に、価格が下降を開始しています。

２００７年、２００８年であらわれた動きは、上げやすい時期に入り、価格が下げ難い状況がはっきりしているなかで、売買をするなら押し目買いを入れるという動きがあるために上値を切り上げているだけに過ぎない動きです。言い換えれば、価格は上昇しているものの、次の下げ時期までの時間待ちの動きへ入っているとみることができます。

以上、一定の流れがいったん終了する場合のパターンをまとめると、以下のようになります。

**①急激な上昇によって、上値目標値へ一気に到達するような最終段階の上げは、上げやすい時期の最終段階の動き、あるいは、下げやすい時期まで継続するような上げとなって終点をつけることが多い**

②ジグザグに時間待ちの動きとなっている場合、上げやすい時期に価格が上昇し難い（高値を更新しても、1〜3営業日だけ戻り高値を超えて、すぐに上値を抑えられて、以前のレンジへ値を戻す）という動きとしてあらわれて、次の下げやすい時期に下降を開始することが多い

## 4つの調整パターンを見極める方法

積極的な動きと時間待ちの動きの違いを理解していれば、調整入りした場合、その調整がどの程度の反対方向の動きになるかを推測することは簡単です。

判断基準があるので、その手順を踏んでゆけばいいだけです。

調整のパターンには、小さい順に、

①勢いの強い状態を継続中にあらわれる小幅調整
②上げ（下げ）幅全体に対する調整になるが、人気を継続している調整（小休止の調整）
③短期的だが、上げ（下げ）幅全体に対する調整（短期的に時間待ちの動きへ入る調整）
④中期的（季節的）な振れ幅が大きく、日柄の長い調整

の4通りあります。
①は上昇、下降の流れが勢いづいていて、まだ反転する時期ではなく、上値、下値を切り下げる動きや、調整の日柄が長くなっていない（3営業日以内の）場合、小幅調整の可能性を最初に考えます。
②の上げ（下げ）幅全体に対する調整は、人気を継続している調整であるため、最初につける目立った押し目、戻り高値が目安になります。最初の目立った押し目、戻り高値を抜けない動きになるなら、この調整である可能性を考えます。
③は最初の目立った押し目、戻り高値を抜ける動きになりますが、まだ中期的に反転する時期に入っていない場合、この調整パターンを考えます。
②と③は、どちらも最初の押し目、戻り高値の目安がそれまでの振れ幅全体の38・2～61・8％の範囲が目安になります。②と③は同じようなものです。調整の形の例でいえば、三角形型とジグザグに上値、下値を切り下げるフラッグ型の違いにすぎません（200ページの説明では②と③を区別せず、「調整のパターンは3通り」としています）。
④の中期的な調整は、その時期にあらわれる動きのため、反転する時期へ入ったら、価格の反転が中期的な調整の可能性があると推測します。
反転する時期へ入っていない場合、まず①の調整の可能性を考え、日柄が若干長くなる

か、小幅なジグザグで、上値を切り上げる、下値を切り下げる場合、②の調整の可能性を考えます。

②の調整のポイントを抜けて、③の調整だとわかれば、いつ反転するかの判断がむずかしくなります。そうなったら、積極的な動きがあらわれるか、下値堅い、上値重い動きがあらわれるまで様子見となります。

強気のシナリオのとおりに上昇せず、上げやすい時期に上げ幅を拡大できずに下げやすい時期へ入り、下降の流れへ入る展開も考えておく必要が出てきます。

Chapter 6

# 第6章

# シナリオ売買で儲けるための仕掛けから手仕舞いまでのまとめ

Section

# 6-1 何を狙うのか 投資対象として

## 日経平均先物や日経平均採用銘柄は投資対象となりうる

**値動きから利益を得るためには、同じように値動きから利益を得ることを目的としている市場参加者でにぎわっている銘柄を選択する必要があります。**

日経平均株価先物や、為替、商品先物相場の各銘柄（商品のＥＴＦでもＯＫ）なら、資金の流れに合わせた十分な値動きを期待できます。

また、日経平均株価の採用銘柄であれば、日経平均株価を押し上げるための積極的な上げがあらわれやすく、変化が大きくなりやすい傾向があります。

１９９８年末から２０００年初めまでのＩＴバブルと呼ばれた上昇局面の最終段階では、

日経平均採用銘柄が積極的に買われて価格を押し上げる一方で、日経平均先物の売りが徐々に積み増されていたようです。資金力のある側は、現物株の上昇で利益を得るだけでなく、近い将来、株価のピークをつけることを見越して、指数の売りを入れ、自分たちが現物を引き上げる過程で指数が下がるのを見越していたわけです。

そのような工作は、あたりまえに行なわれています。

日本の株式市場では、日本人の大口投資家の多くがあまり株を売買しない傾向があります。そのため、大きな価格変化をもたらす市場参加者が外国勢になりがちです。したがって、外国勢の買い、売りの多い銘柄も投資対象として考えておきたい銘柄になります。

## 個別銘柄なら「市場全体への資金の入り方」にも注意

**株の個別銘柄を狙う場合、注目材料のある銘柄を選びます。**

そして、積極的な状態で利益を得る、期間と利益目標を決めて、その期間だけ利益を得る投資をするには、シナリオを描き、事前に積極的な状態へ入る可能性があるかを考えておく作業が必要になります。

価格の変化は、投資資金がそこに入るか否かで決まっているだけです。したがって、**個別銘柄の投資では、積極的な状態へ入る場所を探すだけではなく、市場全体に積極的な資金が入るか否かについても考えておくことが大切**です。

市場全体の投資資金が増加すれば、多くの銘柄の価格が大きく変化するため、個々の銘柄が特定の時期に積極的な状態へ入りやすくなります。

しかし、市場全体の資金が増加しない状況では、価格がまったく動かない銘柄が多くなります。株式市場の存続している理由は、企業の利益をかすめ取ることが目的なのですから、価格が動かなくてもいいのです（今後は、スチュワードシップ・コードを受け入れる大口投資家が増えることで、徐々に投資家のあり方が変わるかもしれません）。

## 個別銘柄なら「注目材料」のあるものを選ぶ

**市場全体の資金が増えないと予想できる年、弱気、横ばいパターンになりそうな年は、**

**個々の銘柄の特別に注目される材料があるか否かがより重要になります。**

ただ、価格を大きく押し上げる材料を一般の少額の投資家が事前にわかることなどほとんどありません。そのため、個々の銘柄を選ぶ場合、今後、起こりうる変化などを事前に考えて、その変化に合う分野のなかから、過去の値動きから最も利益が得られる可能性のある銘柄を選択します。

たとえば、福島原発事故以降、次世代エネルギーの分野に注目が集まっています。原発の是非は別にしても、ウランが枯渇資源であり、放射性廃棄物の捨て場がない以上、遅かれ早かれ新たなエネルギー戦略を打ち出していく必要があるので、それが早まっただけです。

トリウム原発、メタンハイドレードの採掘、マグネシウム蓄電、燃料電池、オーランチオキトリウムを使った油の精製、地熱発電、洋上風力発電を使ったメタノール製造など、さまざまな方法が考えられている状況です。次世代エネルギーの分野は、既存の利益団体からの圧力によって実用化へ進みませんでしたが、その壁が低くなり、想定よりも早く、実用化へ向かう可能性があります。

これから訪れる状況としてはっきりとわかっていることは、安倍政権が、憲法改正の手続きを焦って失敗しなければ、少なくともあと2~4年程度継続し、アベノミクスの第三の矢の成果が出てくるだろうということです。

内閣府のホームページ（http://www5.cao.go.jp/keizai1/abenomics/abenomics.html）には、これから実行される計画が掲載されています。現在のようなネット社会では、面倒くさがらず、情報を収集すれば、未来を予測するのに必要な情報が簡単に手に入るのです。

トヨタは、２０１４年12月から燃料電池車ＭＩＲＡＩの販売を開始しました。水素を満タンに充填するときの価格がだいたい６５００円程度で、６５０キロの走行が可能だということです。

採掘、精製にコストがかかり、特定地域だけからしか輸入することができない化石燃料と違い、水素は日本の企業が自由に供給体制を整えられることを考えれば、あっという間に価格が現在の半分以下になるだろうことは十分に予想できます。数年後に３０００円で７００キロの距離を走ることができ、新車の価格が３００万円（補助金あり）なら、ハイブリッド車からの買い替えが加速するのではないでしょうか。

エネルギー関連は、これまで、石油業界、電力業界の利権のなかで、新規参入が拒まれてきましたが、アベノミクスの第三の矢が後押しすることになるかもしれません。

政府は、２０１６年をメドに電力の小売り参入の全面自由化を行ない、２０１８〜２０２０年に送配電分離、小売り料金規制の撤廃を行なう方針を明らかにしています。

日本は、次世代エネルギー型の社会を主導する国になっていく可能性があります。

筆者はロボットの進歩にも注目しています。

少子高齢化の日本においては、簡易作業をロボットが行なうようになっていくと考えています。たとえば、ファストフードでは、注文の聞き役を人が行ない、それ以外がロボットになるかもしれません。すでにそういうことができるロボットはつくられています。

筋肉に送られる電気信号を解析して、手足の補助を行なうロボットや、災害時に車を運転して、梯子を上り、問題個所を修復するといった複数の作業を自立してこなすことができるロボットも実現に近づいています。

資本主義社会は、お金が流れていく先の方向の未来を目指します。

われわれは投資してお金を儲けたいのですから、政策に対する賛否など考えず、成長分野、実行可能な政策を見極めて、その先にあるものを考えていけばいいのです。

日本は、しがらみの強い社会です。社会全体にとってマイナスであっても、自分のまわりの利益を優先する社会です。しがらみのなかでは、お金の流れは停滞します。そのような日本のしがらみを排除し、新たな道をつくることのできる分野が、今後、加速度的に伸びてゆくと考えられます。

## インフレが継続するならば資産価値が上昇する

また、日本がインフレを長く継続するための政策をとる、ということにも注目すべきです。**緩やかなインフレを継続するならば、当然、株式、不動産などの資産価値が上昇します。**

インフレ政策は、日本円の相対的な価値を下げるというリスクを伴うことから、国民にとって最善な選択というわけではありません。しかし、そうせざる得ない理由があります。それは、返済できない借金を背負った国は、インフレを許容し、負債を目減りさせるよりほかに選択するべき道がないからです。

借金を返済する方法は、歳出を削減する、歳入を増やす、あるいはインフレを許容して、お金の相対的な価値を下げるなどが挙げられます。

票田を失いたくない政治家は、歳出を削減することを簡単にできるわけがありません。歳入を増やすためには、景気対策をとるしかありませんが、好景気となって歳入が増えても、そのすべてを借金の返済にあてず、歳出を増やすことが目に見えています。景気後退期にも公共投資を増やして景気を持ち上げるために歳出を減らせないのですから、結果として、借金が増えるだけです。財務省のホームページに歳出入の推移がグラフで出ています。これをみれば一目瞭然です。

自分たちの利益を守らずに、信念を持って財政を建て直すことのできる政権が誕生しない限り、いまの政治家にできることは、インフレを目指すことしかありません。

人の未来は、人の頭のなかで考えられる範囲内でつくられ、権限と財源を持った側が道筋をつけていきます。未来は未知ではなく、準備された結果に過ぎません。

全体を見渡せば、これからくる状況がみえているのに、それを〝わからない〟として、自分の頭で考えることをやめてしまうのはおろかです。

先のことはある程度予測できることなのです。

5年先、10年先を見極めた銘柄選びをしていけば、必ずいい相場に当たります。大相場は、その年にわかるわけではありません。銘柄選びには〝用意された心〟が必要なのです。

目先のことにとらわれず、先にある未来を見据え、きちんとした方法で投資を行なえば、必ずいい結果が得られずはずです。

Section

# 6-2 どうやって仕掛けるか

## チャートの通常あるべき状態は「横ばい」

売買のポイントをみつけるとき、重要になるのは、現在がどのような状況かを知ることです。そのためにチャートの動きを熟知しておく必要がありあります。

チャートは、変動幅と日柄の関係でつくられます。

日柄が経過していても、同じ水準でうろうろしている状況を保ち合い、日柄が経過するごとに価格が上がっていることを上昇といった呼び方をしているだけで、値動きそのものは、すべて日柄と値幅の関係によってつくられています。

**チャートについてまず理解しておくべきことは、「通常のあるべき姿は横ばい、保ち合**

**い」だということです。**値動きのなかで横ばい、保ち合いの動きが多くみられる理由は、何も特別なことがなければ、価格が動かないからです。

価格は、企業の成長や物価変動といったファンダメンタルズ（基礎的な要因）に合わせて、緩やかに上昇、緩やかに下降、横ばいに推移していることが理想的な動きだといえます。大きな変動などなく、安定して、一定のリズムで動く方がいいわけです。為替相場が安定していれば、貿易をする企業は、為替リスクを最小限に抑えて、取引を行なえます。

## 投機家がチャートに「不自然な動き」をつくる

それにもかかわらず、**価格が急激に上昇、下降する理由は、価格変化で利益を得ようとする側、投機家が積極的に市場へ参加しているからです。**

投機家は、市場価格に不自然な動きをつくり出す輩であって、市場にとって、必要な存在ではありません。

しかし、そのような輩が集まっている場所は、おいしい蜜がにじみ出ています。投機家というのは、そういう場所を他の輩よりも早くみつけ、絶好のポイントで樹液をすることを考えている集団――、市場にとってはそんな存在です。

おいしい蜜が最初ににじみ出てくる場所は、通常の状態のなかであらわれる周期性の転換点です。通常なら、ジグザグの一連の動きで終わるところが、輩が集まり、不自然な形をつくり出します。

本書では、そんな輩がたくさん集まっている場所を積極的な状態と呼んでいます。

ただし、樹液の染み出している場所には、たくさんのフェイクがあります。おいしいと思ってすすっていたら、あっという間になくなり、仕掛けにかかって逃げられなくなります。少額の投資家は、常に仕掛けられる側であり、仕掛ける側になりえないのです。

だからこそ、誰もが十分に利益を得られる場所だと判断できるところでしか、利益を得ようと考えてはいけないのです。

**誰もが十分な利益を得られる場所は、長く一定の流れができるところ、値動きで利益を得たいと考えている市場参加者が積極的になっている状況**（**資金の量にかかわらず、誰もがあふれ出てくる蜜を夢中になって吸っている状況**）**です。**

それは、市場にとっては不自然な動きとして認識されるべき場所です。

通常を横ばいだと認識していれば、長く一定の流れができる特別な状態は、条件（時期、下値堅い動き、1日または数日の値幅の大きな動き）がそろったときしかないことに気付くはずです。その認識がなければ、特別な状態、積極的な状態へ入る可能性があることを嗅ぎ分けることなどできません。

また、長く一定の流れが続く、年間の変動幅の大部分を取りに行くような動きは、だいたい似た角度、速度の動きになり、一定のリズムでの流れをつくります。

たとえば、円安傾向がしばらく継続するというシナリオを描くなら、この角度のラインを引いて、月ごとの傾向を考慮し、どの期間でどこまで、どういう動き方をするのかを推測すればいいのです。

この速度をおおまかにわかっていれば、シナリオどおりの展開になるか、今回はそうならないのかを、その過程のジグザグによって推測することができます。

また、このような角度の動きと年間の変動幅が、長く一定の流れをつくるときの基準になるということを理解していれば、1年間のシナリオを描く際に、いつ頃からおいしい状況ができるのかを事前に考えておくことができます（角度がわかっていれば、期間と値幅が計算できます）。

## 積極的な状態の継続を判断する方法

下降の流れが終了して、積極的な状態へ入ると、短期の上昇局面へ入ります（長期の上昇局面は、短期の上昇局面と中期の調整の組み合わせによって形成されているだけです）。

一般的には、上げやすい時期と上昇の条件が整った後、

**①短期の上昇局面で、一気に上値の目標になる地点へ到達する**
**②日柄の長い中期の調整場面へ入る**
**③再び上げやすい時期へ入り、上昇の条件が整って、年間の上げ幅のすべてを取りに行く最終段階の短期の上昇へ入る**

という段階をたどります。

積極的な状態へ入った後は、短期の上昇の流れが継続しているか否か（調整に入っていないかどうか）を判断すれば、仕掛ける場所が簡単にわかります。

短期の上昇局面の継続は、調整場面での動き方をみれば判断できます。調整には、3通

りのパターンがあります。

1つ目のパターンは、下げやすい時期へ入り、次の上げやすい時期まで下げる（中期の）調整です。

これは中期的な時間待ちの状態と考えてもいいでしょう。時間待ちの状態のため、次の上げやすい時期がくるまで、長期の上昇が継続している否かを判断できませんが、年間の最高値をつけやすい時期や、年間の変動幅を考慮すると、その中期の時間待ちの状態を経過した後、次の上げやすい時期に再度上昇を開始するかどうかを推測することはできます。

この段階は、長期の上昇が継続しているかを明確に判断できない状態であり、動き方が不規則であっても誰も困らない状況です。したがって、中期の調整へ入ったら、一般的なチャートパターンで考えられる下値の目安になる値位置や動きからの買い、テクニカル指標の買いサインでの仕掛けは通用しません。

タイミングとしては、第4章で紹介した条件、すなわち「時期、下値堅さ、市場参加者の積極性」のすべてが整うのを待つしかありません。

2つ目と3つ目のパターンは、短期の市場参加者が積極的に利益を得ようとしている状況であらわれる調整です。まだ下げやすい傾向のある時期へ入っていなければ、価格の反落が上昇途中の一時的な調整で終わる可能性が大きくなります。

短期の上昇局面での調整には、勢いの強い上昇継続中の小幅調整（短期の市場参加者が積極的な状態を継続している場面であらわれる調整）と、まだ上値追いの状況を継続している（多くの短期市場参加者がまだ上があるとみている）状態で小休止する格好であらわれる調整があります。

**図表6―1**は、勢いの強い上昇継続中の小幅調整、小休止の調整、中期の調整（時間待ちの調整）を示しています。

勢いの強い上昇継続中の調整と、小休止の調整の動き方は、短期の市場参加者の値動きに対する見方の違いで分かれています。

勢いの強い上昇継続中の調整は、短期の市場参加者が利益を追求している途中

**図表6-1 ●「調整」の類型**

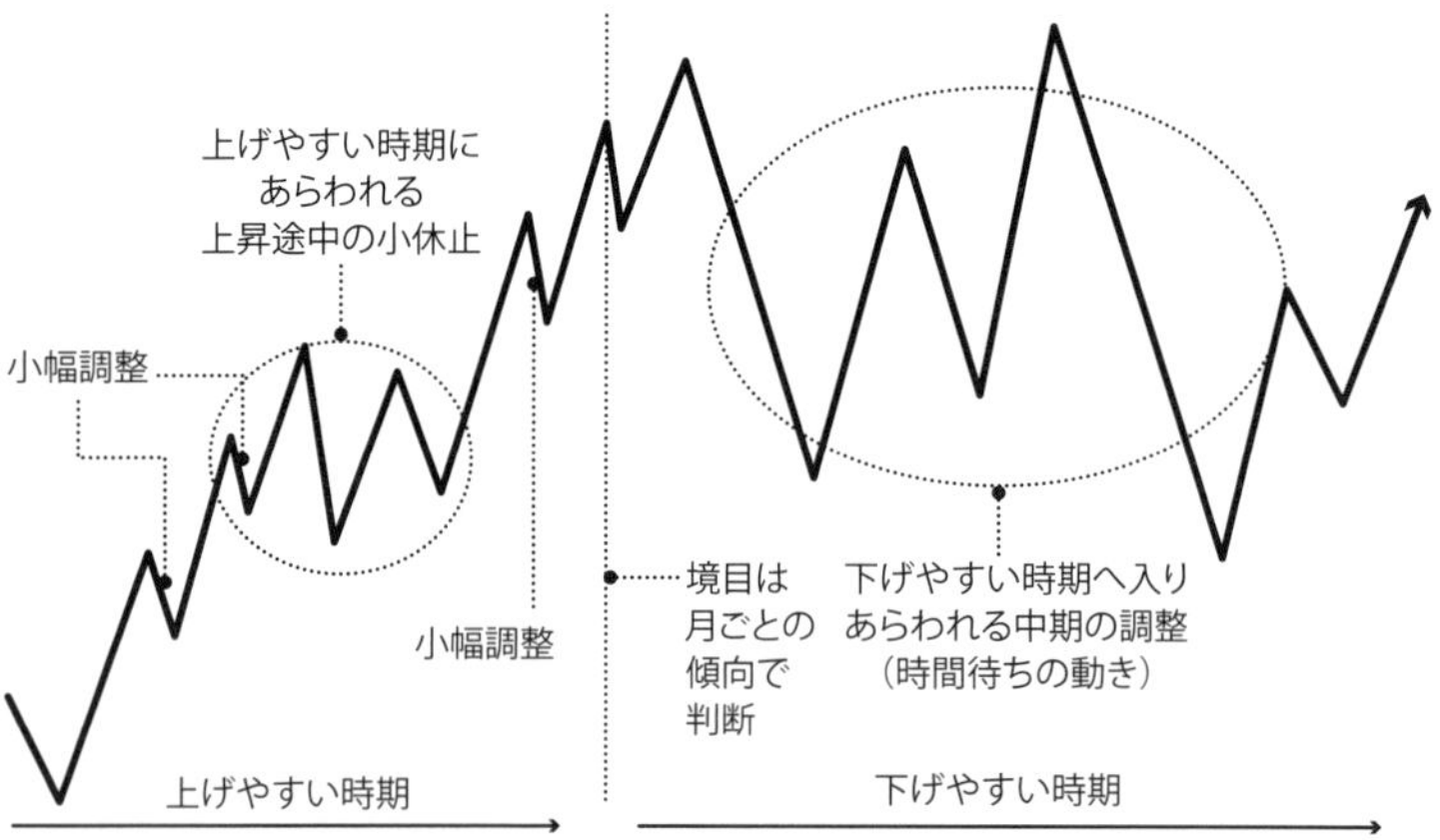

の作業として、手仕舞いと買いを繰り返す過程であらわれる下げです。

したがって、短い期間で利益を得られるような調整の仕方、多くの市場参加者が不安心理を煽られることのない値動きになります。

具体的には、短い期間で終わり、上値、下値を切り下げる流れをつくらない動きになります。下げ幅が大きくなる場合、または、一時的にせよ上値、下値を切り下げる弱い形ができる場合、すぐに上昇を開始し、高値を更新する動きがあらわれて、その下げが一時的な動きに過ぎなかったことが誰でもわかる展開になります。

## 具体的な仕掛け方

仕掛ける方向は、買いと売りの両方ありますが、積極的な状態は上昇が基本であり、積極的な状態に入る場所探しは「いつ上げるか」から入るので、買い場について書いていきます。

**買いのポイントは、「上げやすい時期を前に、下値堅さを示す動き、積極的な買い人気**

**があらわれた地点」です**。下値堅さを示す動き、積極的な買い人気の判断にテクニカル指標を使ってもかまいません。

筆者は、シナリオを描き、長く上昇、下降を継続すると判断できる場所で仕掛けて、あとは放っておくというやり方が最も有効なやり方だと考えています。そのために重要なポイントは、長く上昇を継続すると判断できる場所の「始点付近」で仕掛けることができるかということです。

仕掛ける際に最も重要なことは、どこでやめるか、やめた後にどうするかということです（この場面での「やめる」というのは、後で触れる利食いのことではありません）。大きな値幅を狙っているのですから、買いを入れる場所に細かくこだわる必要はありません。大切なことは、その買いのポイントからどれだけ下げたら「間違い」だと気付けるのかということです。

間違いだと気付いてやめる場所には、損失を最小限に抑える場所にする方法と、予想が間違っていたと判断できる場所にする方法の2つがあります。

たとえば前者の場合、判断がむずかしい場面では、ある時点の安値が押し目になると判断して買いを入れ、その安値を下回った地点では手仕舞いを考えますが、ジグザグの動きによってはまた仕掛けるといったように、何度も仕掛け直すこともあります。後者の場合は、細かなジグザグではなく、日柄の経過をみてやめることになります。

## シナリオから外れない限りは何度もチャンスを待つべき

ある時点において、「いまこの時点の安値が押し目になる」と予測することはできません。しかし、時期や値位置などが押し目をつける可能性があるところに達していれば、価格が反発する可能性があるという見方を持ちつつ、下値堅さを確認する作業へ入るか否かを見極める必要があります。想定しているとおりになかなか動かなくても、まだ強気の見方ができるなら、そうなる可能性を考えておく必要があります。

ただ、あまりしつこく追いかけすぎると、すでに押し目をつける状況ではないにもかかわらず、まだ上昇する可能性があると考えてしまい、やめるタイミングが遅くなって大失敗をしてしまいます。

だから、やめるときは潔さが必要ですが、いったんやめたとしても、最弱のわれわれとしては、貪欲に次のチャンスがあるのかを再考しておくべきです。仕掛ける場面では、常に全体のシナリオと、そうなる可能性を考慮して、次の動きへの準備された状態をつくっておくことが大切です。

その見極めをどこでつけるかが、勝敗を分けるカギになります。

値位置や時期を考慮して、その時点の安値が多くの市場参加者に意識されている可能性があるとすれば、「一段安の動きは、1〜3営業日だけの動きで終わり、すぐに値を戻すはずだ」と考えておくことができるはずです。そのような準備があれば、価格が反発した時点で、再度仕掛け直すことができるはずです。

われわれが推測できることは、その年の値動き、それに合わせた上げ幅、下げ幅の目安、いつ頃反転するかという時期と値位置だけです。細かいジグザグは、大きな資金によって、いくらでもどうにでもなってしまいます。底入れ型、天井型などのパターンは、結果論に過ぎません。**われわれには、積極的な流れができているとき以外の短い期間の振れが、結果でそうなったということしか判断できません。**

だから、**シナリオを描き、そのシナリオのとおりになる条件を満たしているあいだは、あきらめずに、何度もチャンスを待つよりないわけです。**

## 何度かに分けて仕掛ける具体的なやり方

売買を仕掛ける場合、投資資金をどの程度使うかについて、戦略を持っていない方は、何回かに分けて仕掛けるやり方をお勧めします。

最初に押し目をつけたと判断できる地点では、本当にそこが押し目になるかがわかっていないので、その地点で全力を投入して向かうと、間違っていた場合にいいようにやられてしまうだけです。

**図表6―2**の2013年6月のケースでは、6月14日に価格反発した地点で買い（12415円で損切り）、6月19日に強気を示した地点で買い（17日の安値12549円で損切り）、27日に反発した地点で買い（25日の安値12758円で損切り）、28日に上放れた地点で買いが考えられます。

**これらの地点のどこかで、何度かに分けて仕掛けるというやり方が妥当です。**

6月の買いは、年末まで、1万5942円を目指すという仕掛けのため、あとは待っているだけです。
8月末、10月上旬など、下値を切り上げる格好になったとき、さらに買いを入れるか、または損切りの地点をその安値に変更しておくということも忘れないようにします。

図表6-2 2013年の日経平均と買い方の例

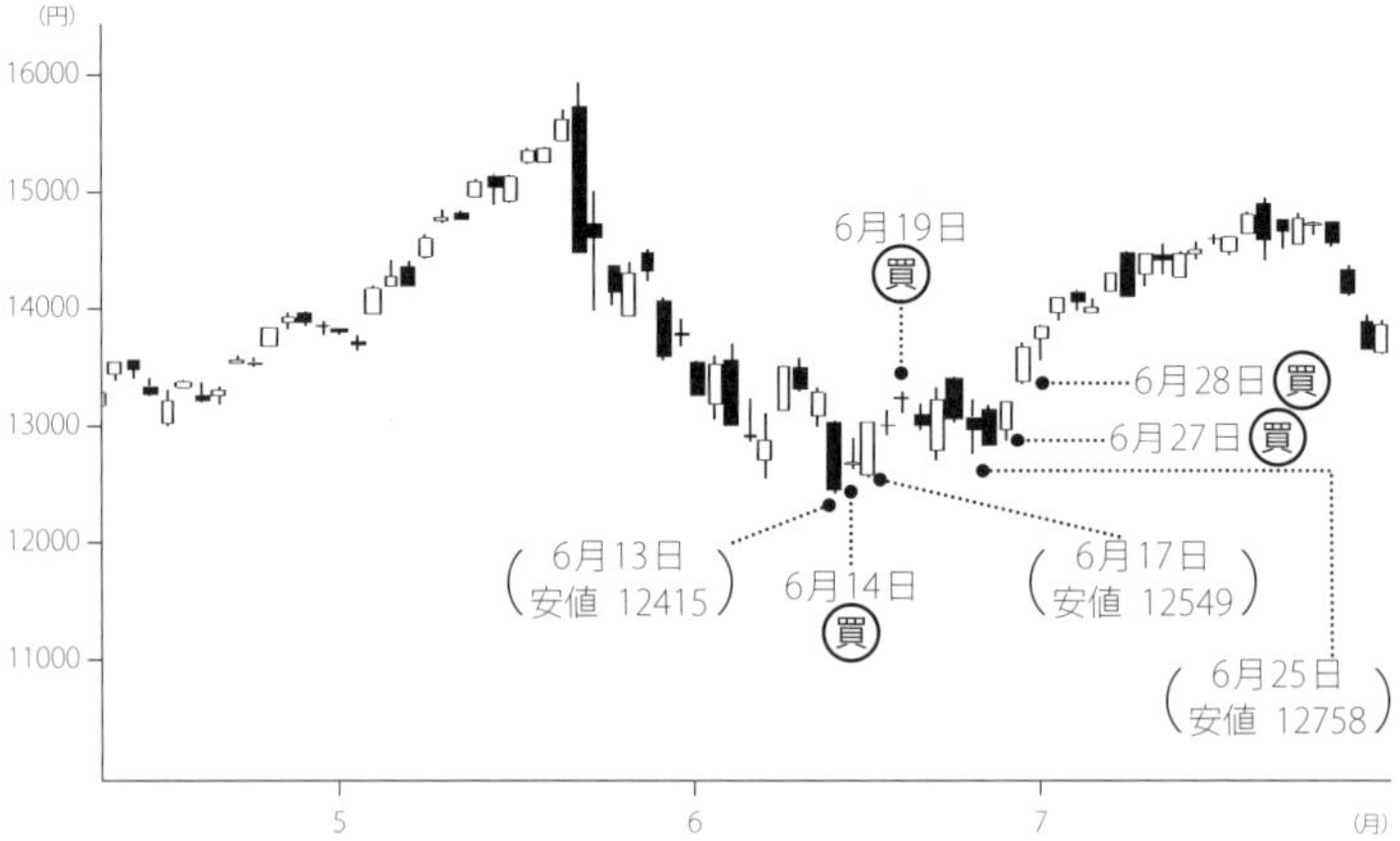

Section

# 6-3 判断に迷う場面での対処法

## ジグザグの数を数えるとよいケースも…

保ち合いは、その後の流れがどちらへ向かうかを待っている状況です。上昇している価格がジグザグの保ち合いの動きへ入った場合、2通りの理由が考えられます。

1つ目は、上値が限られていると推測できるが、上げ傾向のある時期であり、積極的に売られ難い状況です（**図表6―3**の上段）。

2つめは、積極的な買いが継続しているが、戻り高値を大幅に上回る高値をつけるには、まだ時間が必要な状況です（**図表6―3**の下段）。この場合の時間というのは、「市場参加者の意識の変化に必要な時間」です。すぐに上げ傾向のある時期が迫っているなら、それまでの時間、上げやすい時期へ入っているなら、ジグザグを経過して、下値堅いということを市場参加者が認識する時間です。

本書にここまでに書いたとおり、市場参加者が特定の方向へ積極的に仕掛けているとき、価格が保ち合い、または反対方向への動きとしての調整場面へ入っても、その期間は限られます。

- **反対方向へ大きく動く展開になる場合は日柄が短い動きで終わりやすい**
- **保ち合い入りする場合は日柄の長い動きになりやすい**

という傾向があります。ただ、保ち合い

図表6-3 ◎ 保ち合いの2つのパターン

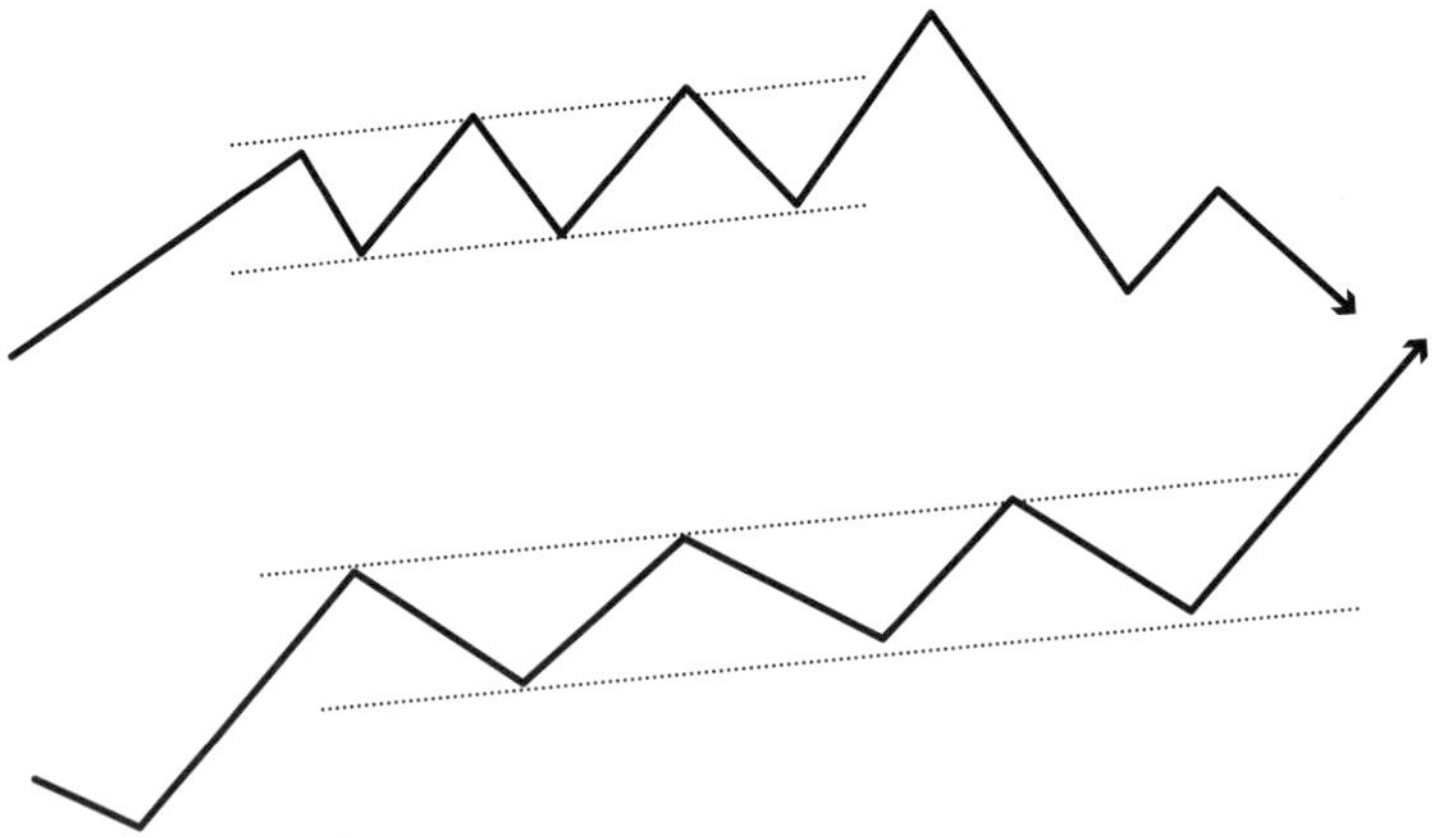

だからといって、長くだらだらと継続する動きにはなりません。日柄の経過は状況の変化、市場参加者の意識の変化をもたらすため、積極的な状況のなかで、多くの人に同調してもらいたいときは、そのような期間の経過に伴って人気が離れていくリスクを負うことができないからです。

そのため、保ち合いの動きであっても、それまでの一定の流れが継続している場合、ジグザグの動きが3波から5波で終わる傾向があります。上昇途中で保ち合い入りする場合、3波が2つ、5波が3つの押し目をつけるということです。

たとえば、長い上昇期間を経過し、想定していた目標値へ到達した後、上値が重くなったが下がらないというときがあります。

この場合、まだ下げやすい時期へ入るまでには日柄を残しているので、戻り高値が天井になるかがはっきりしない状況です。

そのようなときに押し目買いを入れる場合、ジグザグの2つ目、3つ目の安値が押し目になって、その後の上げ幅が拡大するか否かがポイントになります。

戻り売りを入れる場合、2つ目、3つ目の高値を超えた後、すぐに上値を抑えられるかどうかがポイントになります。長く上昇を継続して、目標値へ到達している状況で、下げ傾向の強い時期がすぐ近くに迫っているか、すでに下げ傾向のある時期へ入っているなら、

3つ目の押し目をつけた後、上昇が勢いづかず、いずれ下降を開始すると推測できます。

このような保ち合いでジグザグをカウントして対応する場合の戦略は、次のようになります。

**●上昇途中の修正だと判断できる状況では、2つ目、3つ目の押し目まで買い下がるというやり方も考えられます。**

下降に入ったと判断できる状況であれば、3つ目の戻り高値、4つ目の戻り高値、5つ目の戻り高値と、高値を更新するごとに売り上がる。

**●押し目、戻り高値と判断できる地点で必ず手仕舞いして、次の押し目、戻り高値とみられる地点で再度仕掛け直す。**

いずれの場合も、仕掛ける際は、月間の変動幅の傾向、月中で戻り高値、押し目をつける日の傾向を考慮すれば、より判断しやすくなります。

最弱のわれわれは、どこが押し目、戻り高値になるのかなどほとんどわからないと言っていいのです。ですから、わかっている範囲のなかでベストを尽くす、すなわち何度かチャレンジするしかありません。

シナリオが当たっていれば、想定した動きの範囲のなかで、うまく押し目、戻り高値をつけて、価格が勢いづき、すぐに利益が乗ってくるはずです。

Section
# 6-4 どこで手仕舞うのか

## 利食いの手仕舞いについて

実際にやってみるとわかりますが、売買を仕掛ける場所は、かじった程度の知識でもわかります。しかし、いつ手仕舞いするのかは、通常の状態、積極的な状態の値動きの違い、積極的な状態の基準になる角度と値幅、季節性を理解していなければ、判断の基準を持つことができません。

観念的にいえば、樹液をすすりにきた側が、この短い期間で十分な利益を得て、これ以上、その場所から得られるものがあまりないと判断するような状況が、手仕舞いすべきときです。

われわれがシナリオを描いて投資する場合に、どうやってこの状況を判断すればよいのでしょうか。

それは、**基準になる角度を知っておき、そのラインに沿った展開（月ごとの傾向でブレがあります）になっている場合、最初の目標値、目標時期まで買いを維持するということです。基準以上に急な角度になる場合、最初の目標値を達成したなら、そして、その急激な流れが一時的にせよ明確に転換する動きがあらわれるなら、躊躇せずに手仕舞いして、当分、2匹目のドジョウを追わず、他の銘柄、市場へ目を向けます。**

急激な動きは、一気に上値の目安へ到達する動きなので、その勢いがいつまでも継続するわけではありません。

## 損切りの手仕舞いについて

損切りの手仕舞いについては、本章の仕掛けの方法のところですでに触れました。

**いったん仕掛けたら、自分が間違いだと推測できる状況まで（ある程度長く）待つか、で**

**きるだけ損を出さないような取引の仕方、すなわち、上昇の流れが変化したと判断できる細かい動きがあらわれたらすぐに手仕舞いして、また仕掛け直すかのどちらかです。**

大切なことは、次にどうなったら仕掛け直すのかを事前に考えておくことです。

なお、リスク管理する、損切りの値位置を決めておくということは、損失を抑えるしくみを考えているに過ぎません。損切りを細かくするということは、利益を削って、損失を抑えているだけに過ぎず、それだけでは決して大きな儲けにはつながらないということを頭の隅に入れておいてください。

## おわりに

〝株式相場の今後のシナリオ〟を描くために必要な情報は、「上昇時、下降時の年間の動き方」「上昇、下降が勢いづく時期」「年間の変動幅の目安」です。

過去20年程度のデータがあれば、1990年代の値幅の大きな保ち合い場面、2000年以降の下降局面、2003年以降の上昇局面、2007年から2008年の急落、そして、アベノミクスによる上昇局面とさまざまなケースでの価格の動き方が入ります。

できるだけ多くのデータを使い、前述した3つのポイントを調べれば、その銘柄のおおまかな全体像がみえてくるはずです。

本書はこうしたデータを仔細に分析した知見と筆者自らの投資実践の積み重ねに基づいて書きました。

本当は、読者のみなさんもご自身の手でデータを調べてみれば納得度が高まると思うのですが、データを調べるのが面倒な方は、筆者のサイト「Power Trend（http://p-trend.jp/）」で簡単にみることができます（**図**）。

## 「Power Trend」で提供している情報の例

銘柄：日経225　OR　証券コード：　表示

<日経225>

| 1月 | 2月 |
|---|---|

### 1月

【月の展開】

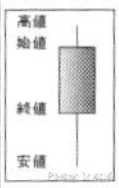


| | | |
|---|---|---|
| 上ヒゲ | 予想変動幅 | 242.41 |
| 実体 | 予想変動幅 | 716.27 |
| 下ヒゲ | 予想変動幅 | 568.87 |

価格が下降する確率

**57 %**

60%以上は傾向が非常に強いという判断になります。

【月の動き方】

第一候補

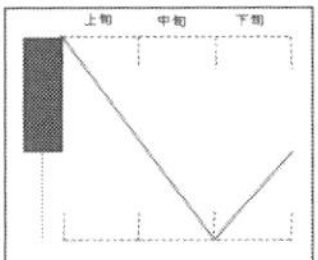


・下げ傾向があり、月初に月中の最高値をつけやすい月
・月初からの下げが勢いづき下げ幅が大きくなることで、一気に下値の目安へ到達するため、下旬にいったん値を戻す
・前月からの下げの流れを継続する格好であらわれることが多い

第二候補

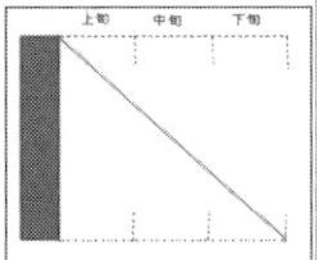


・下げ傾向があり、月初から月末まで下げの流れを継続しやすい月
・下げやすい時期の途中の月であらわれやすく、小幅調整を繰り返しながら、一か月を通じて、一本調子の下げ場面になる

【月の高値、安値の出現確率（5日単位）】

| 陽線引け | | | | | | |
|---|---|---|---|---|---|---|
| 日 | 1〜5 | 6〜10 | 11〜15 | 16〜20 | 21〜25 | 26〜 |
| 最高値 | 0% | 0% | 0% | 0% | 18% | 81% |
| 最安値 | 36% | 27% | 18% | 9% | 0% | 9% |

| 陰線引け | | | | | | |
|---|---|---|---|---|---|---|
| 日 | 1〜5 | 6〜10 | 11〜15 | 16〜20 | 21〜25 | 26〜 |
| 最高値 | 26% | 40% | 20% | 13% | 0% | 0% |
| 最安値 | 0% | 0% | 20% | 13% | 26% | 40% |

### 2月

【月の展開】

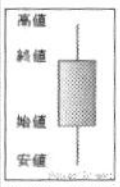


| | | |
|---|---|---|
| 上ヒゲ | 予想変動幅 | 296.97 |
| 実体 | 予想変動幅 | 545.10 |
| 下ヒゲ | 予想変動幅 | 321.39 |

価格が上昇する確率

**53 %**

60%以上は傾向が非常に強いという判断になります。

【月の動き方】

第一候補

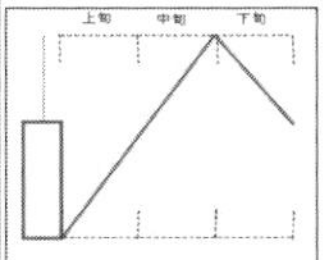


・上げ傾向があり、月初に月中の最安値をつけやすい月
・月初からの上げが勢いづき、上げ幅が大きくなることで、一気に上値の目安へ到達するため、下旬にいったん値を押し戻される
・前月からの上げの流れを継続する格好であらわれることが多い

第二候補

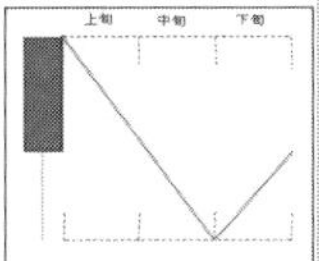


・下げ傾向があり、月初に月中の最高値をつけやすい月
・月初からの下げが勢いづき下げ幅が大きくなることで、一気に下値の目安へ到達するため、下旬にいったん値を戻す
・前月からの下げの流れを継続する格好であらわれることが多い

【月の高値、安値の出現確率（5日単位）】

| 陽線引け | | | | | | |
|---|---|---|---|---|---|---|
| 日 | 1〜5 | 6〜10 | 11〜15 | 16〜20 | 21〜25 | 26〜 |
| 最高値 | 0% | 7% | 0% | 14% | 21% | 57% |
| 最安値 | 64% | 28% | 7% | 0% | 0% | 0% |

| 陰線引け | | | | | | |
|---|---|---|---|---|---|---|
| 日 | 1〜5 | 6〜10 | 11〜15 | 16〜20 | 21〜25 | 26〜 |
| 最高値 | 33% | 58% | 0% | 0% | 8% | 0% |
| 最安値 | 8% | 8% | 8% | 16% | 25% | 33% |

【本年全体の予想される動き方】

数年間のチャートを見ると、一見、乱雑に動いているように見えますが、年間の価格が上昇している年と、下降している年で分けると、上昇する時期や動き方が上昇している年、下降している年で、それぞれ似たパターンで動いていることがわかります。下のチャートは、年の初めより年末の値位置が高い年と、低い年にわけて、それぞれの年の動き方の傾向を調べた結果です。
価格が上昇する年は、どのあたりで年間の最安値をつけて、どのあたりで年間の最高値をつけているかがわかようになっています。
この動き方を基準にして、上の月ごとの動き方、実際の値動きのチャートを合わせて、1〜2か月程度のシナリオをご自分で作って下さい。

<本年全体が上昇する場合>

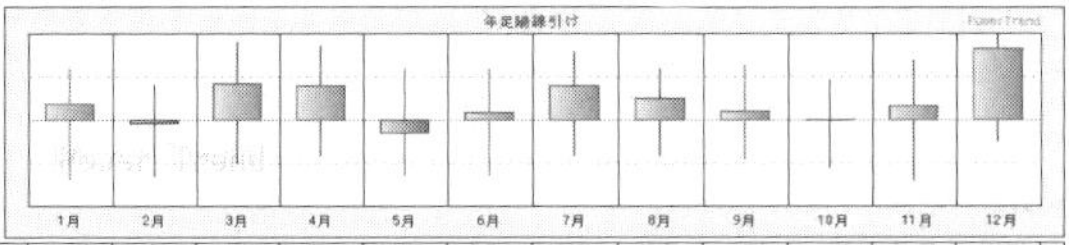


| 出現率 | 1月 | 2月 | 3月 | 4月 | 5月 | 6月 | 7月 | 8月 | 9月 | 10月 | 11月 | 12月 |
|---|---|---|---|---|---|---|---|---|---|---|---|---|
| 年間最高値 | 0 % | 0 % | 0 % | 15 % | 0 % | 7 % | 0 % | 7 % | 7 % | 7 % | 7 % | 46 % |
| 年間最安値 | 30 % | 7 % | 7 % | 23 % | 0 % | 15 % | 7 % | 0 % | 0 % | 0 % | 7 % | 0 % |

<本年全体が下降する場合>

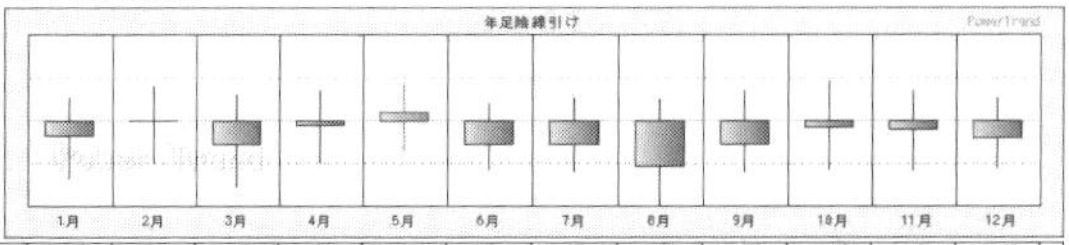


| 出現率 | 1月 | 2月 | 3月 | 4月 | 5月 | 6月 | 7月 | 8月 | 9月 | 10月 | 11月 | 12月 |
|---|---|---|---|---|---|---|---|---|---|---|---|---|
| 年間最高値 | 30 % | 15 % | 7 % | 15 % | 15 % | 15 % | 0 % | 0 % | 0 % | 0 % | 0 % | 0 % |
| 年間最安値 | 0 % | 0 % | 0 % | 0 % | 0 % | 0 % | 0 % | 7 % | 15 % | 30 % | 15 % | 30 % |

筆者のサイトは有料なのですが、本書を読んでいただいた方のために、無料情報コーナーを充実させました。サイトのホームページから無料情報のバナーをクリックしていただき、『ptas』というパスワードを入力してください。1年間のおおまかな見方や、過去の予想記事などをみることができます。

最近、「5月が過去10年間で弱い」とか、「選挙の期間中に上げやすい」といった言い方をしている評論家の方が増えています。本書で使っている「陽線確率」という言い方をしている人も増えてきたかと思いますが、この言い回しは筆者が考えたものです（すでに廃刊になってしまったある月刊誌に、1993年3月から季節性について連載記事を書いていたのですが、そのときにつくった言葉です）。

筆者は、20年以上前の、まだパソコンがDOSであったころから上場来のデータを入力して、季節性を含めた値動きのパターンについて調べてきました。本書で紹介している動き方は、20年間、筆者が検証し続けてきた結論であって、その場に合わせて適当に書いているわけではありません。

本書で紹介した株式投資のノウハウを理解して、シナリオを描く力を身に付ければ、必ず、読者の皆さんが勝てるようになると確信しています。

# 〔付録〕長期と短期のシナリオの具体的なつくり方

筆者のサイト「Power Trend」（http://p-trend.jp/）では、予測シナリオや個別銘柄をスクリーニングできる機能などを提供しています。

以下では、長期シナリオのつくり方の例（2014年6月以降）と、短期的な状況をどのように判断していたのか（2014年10月。短期のシナリオは平日朝8時頃までに更新しています）を紹介します。どのような予想の仕方になり、シナリオをどのように絞っていくのか、具体的な方法がよくわかると思います。

なお、筆者の投資法では、その年の変動幅の大部分を取りにいく上げや下げの流れを、利益にすることを推奨しています。そのため、売買を仕掛けることを事前に考えておくポイントは、短期的に上がりそうだという場所ではなく、反転した後、少なくとも1ヵ月程度かそれ以上、長く一定の流れができる可能性がある場所になります。

## １年間の長期シナリオをつくるポイント

まず、本文でも触れましたが、１年間のシナリオをつくるポイントを再確認しておきます。

●その年が強弱、横ばいのどのパターンに入るかを推測する
●年間の変動幅をみる
●上げやすい時期、下げやすい時期を確認する
●年間の最安値、最高値をつけやすい時期を確認する

年間の変動幅を調べると、年ごとにかなり振れ幅が違います。それを大中小の振れ幅に分けると、以下のとおりになります。

以下は、１９９１年から13年の期間の変動幅を「７０００円以上」「４０００〜７０００円」「４０００円以下」に分けたものです。ちなみに、１９９０年以前も変動幅の大きさはあまり変わりませんが、１９９０年以前は、それ以降よりも年間の変動幅が小さくなっています。１９８５年以前になると、４０００円以下になっている年ばかりになっています。

●７０００円以上
…９７０７円、７６５１円、８１６２円

●4000～7000円

……6147円、5610円、4331円、5728円、6422円、4565円、5914円、5174円、5675円、5922円

●4000円以下

……3931円、3884円、3635円、1896円、3518円、3631円、3746円、2612円、2756円、2195円

7000円以上の値幅の動きは、1989年のバブル崩壊後の下げ局面となる1992年、ITバブルが崩壊した2000年、リーマンショックで暴落した2008年の3回しかありません。特殊事情で暴落するときだけ、年間に7000円以上の変動幅（主に下げ）となる場合がありますが、それ以外は7000円以下の変動幅となっています。

4000～6000円の変動幅は、上昇、下降にかかわらず、一定方向の動きになっている年にあらわれることが多くなっています。

2000～4000円の変動幅は、1年間が「往って来い」の展開になっている場面であらわれることが多くなっています。

1950～2013年までの期間での日経平均株価の月ごとの陽線確率は、次のようになっています。

1月＝67・2％

2月＝57・8％

3月＝57・8％

4月＝64・1％
5月＝45・3％
6月＝65・6％
7月＝48・4％
8月＝54・0％
9月＝46・9％
10月＝53・1％
11月＝56・3％
12月＝60・9％

1950年から1989年までは、大勢の上昇局面となり、ほとんどの年で上昇しているため、全体の数値が高くなっています。

その点を考慮すると、陽線確率が50％以下となっている5月、9月は、下げやすい時期だと推測できます。

60％以上の月は、1月、4月、12月です。これらの月は上昇傾向があると考えることができます。

全体では、年末から6月頃までの期間で上昇しやすく、5月の下げをはさんで4月から6月までの期間で戻り高値を確認して、10月頃まで下げの流れをつくりやすいという展開が考えられます。

過去の経験則では、弱気パターンの年になる場合、6月までに年間の最高値を確認します。

7月に高値を更新する年は、強気パターンの年になります。

1年間が強気パターンの年になる場合、全体で4000円から6000円の上昇幅を経過するわけですが、１年を通じて高値を更新し続けるわけではありません。

価格の長期的な上昇は、上げやすい時期の短期的な上昇で高値を更新する動きが組み合わさって、全体で上げの流れをつくっているに過ぎません。

短期的に上げ幅が大きく、高値を更新するような上昇は、上昇傾向のある時期にしかあらわれません。


以上のことを前提として、チャートをみれば、その年の動き方や、値位置がだいたいみえてきます。年間の変動幅が４０００～６０００円と幅がありますが、６０００円近い変動幅になる場合、２０１３年のように６月まで一本調子の上昇になるか、いったん２０００円程度の下げ幅を経過して、６０００円を上げる（高値更新が４０００円幅）になるかのどちらかです。

一本調子の上げになる場合、上昇しやすい期間の長さから、年初から上昇するケースが有力です。その他に考えられるケースは、年初に上昇して、上げ幅を拡大し、下げやすい夏にあまり下げず、10月以降にさらに上げ幅を拡大するという展開も考えられます。結果だけを見れば、１年を通じて上昇を継続する展開になります。

以上を前提に、以下の２０１４年の長期シナリオのつくり方の例を読んでみてください。

## 長期シナリオのつくり方の具体例

**※2014年6月の時点では、5月に下げ幅が大きくならなかったことで、2014年のシナリオが2つに絞られました。5月末に強気のシナリオが有力だと判断していますが、3月から続いている上値を切り下げる流れが継続している可能性があるので、弱気の可能性をはずしていません。どちらになるかはわからないが、強気を想定して買いを維持するという判断になります。**

### ●2014年6月4日時点の長期シナリオ（図表1）

日経平均株価の長期シナリオを修正します。

前回は、「6月までの期間で12500円前後まで下げて、8月以降に上昇を開始するか、一段安になるかの判定場面があり、本年が弱気パターンの年になるか、横ばいパターンの年になるかがはっきりする」と書きました。

前回想定した展開になるなら、5月中に勢いの強い下げ場面があらわれて、下値を掘り下げる動きになる必要がありましたが、そうなりませんでした。

現時点で考えられる展開は、図の実線の2通りです。

図の強気の展開になる場合、6月、7月が堅調に推移して、8月前後に下値を試す動きを経過した後、9月以降に上昇を開始して、年末ごろに17000円を試す動きとなっていると考えられます。

図の弱気の展開になる場合、8月頃までにいったん14000円前後まで下げた後、9月以降に13000円、12500円を目指す展開になります。

これらの水準で押し目をつけた後は、年末まで堅調に推移します。

**※強気のシナリオだけになりました。8月にいったん下値を試してから上昇するか、そのまま上昇するかがわからない状況です。損切りの目安を変更せずに買い維持となります**（207～208ページ参照）。

## ●2014年7月22日時点の長期シナリオ（図表2）

日経平均株価は、6月の上げが3月7日の高値15312円を超える動きになったことや、7月に下値堅く推移したことで、本年が10月頃までに13000円を目指す展開にならない可能性が大きくなったといえ

**図表1 ● 2014年6月4日時点の長期シナリオ**

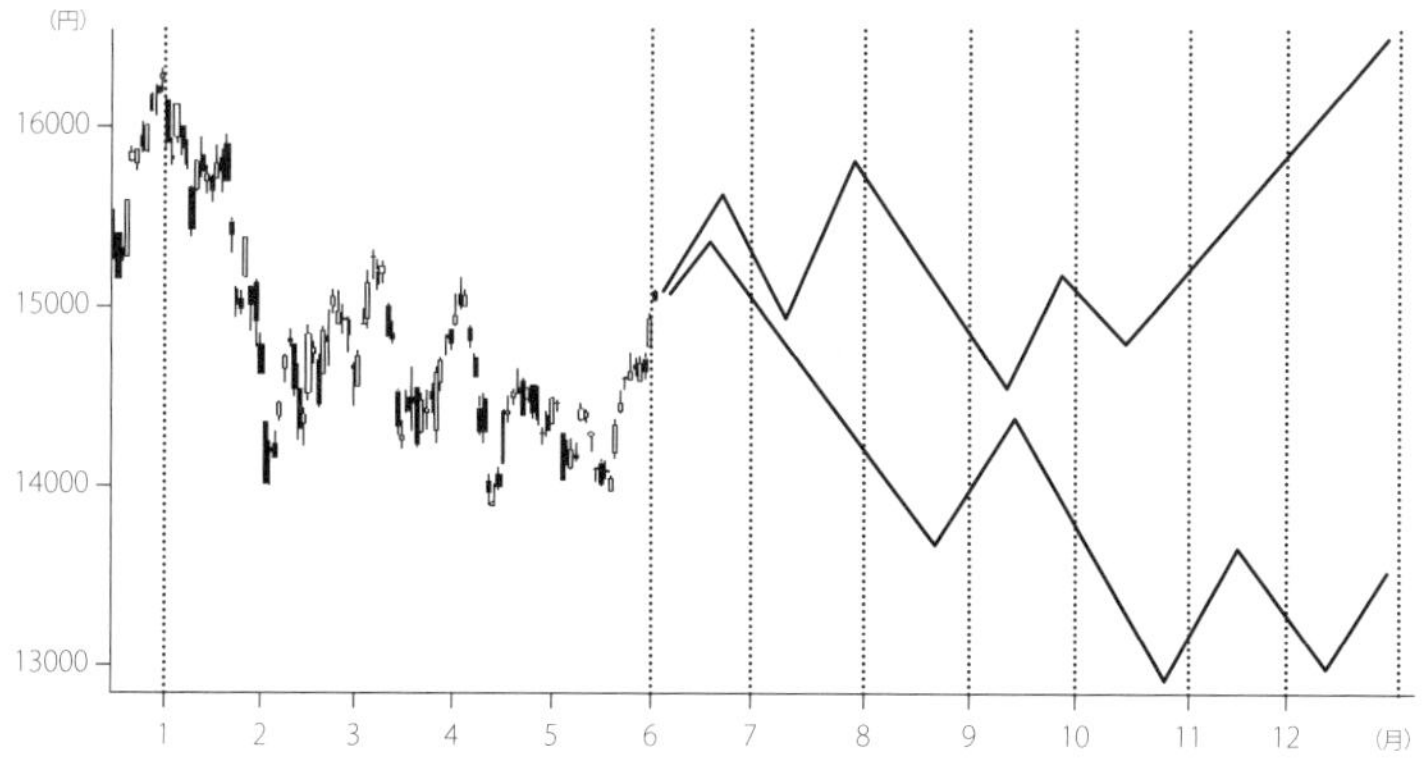

ます。
本年は、年末に向けて１７０００円前後、または１９０００円前後を目指す動きになると考えられます。

上昇を開始する時期は、円・ドル相場が下値堅い場所を確認した後の８月中旬以降になると考えられます。

それまでの期間は、４月11日の安値１３８８５円まで下がらない程度の調整場面を継続する公算です。

８月中旬頃までの期間で、６月13日の安値１４８３０円前後で押し目をつける展開になると、本年が１９０００円を目指す可能性が出てきます。

その場合、９月には１６３２０円を超えて、１６３２０円以上の上値余地があることを確認できる流れができていると考えられます。

10月頃までの期間で１６３２０円が重い抵抗になり、10月頃にいったん強く上値を抑えられる動きがあらわれると、年末までの上値の目安が１７０００円前後になります。

８月中旬頃までの期間で下げ幅の大きな動きがあらわれて、１４５００円以下まで下げると、その後の上

**図表2 ● 2014年7月22日時点の長期シナリオ**

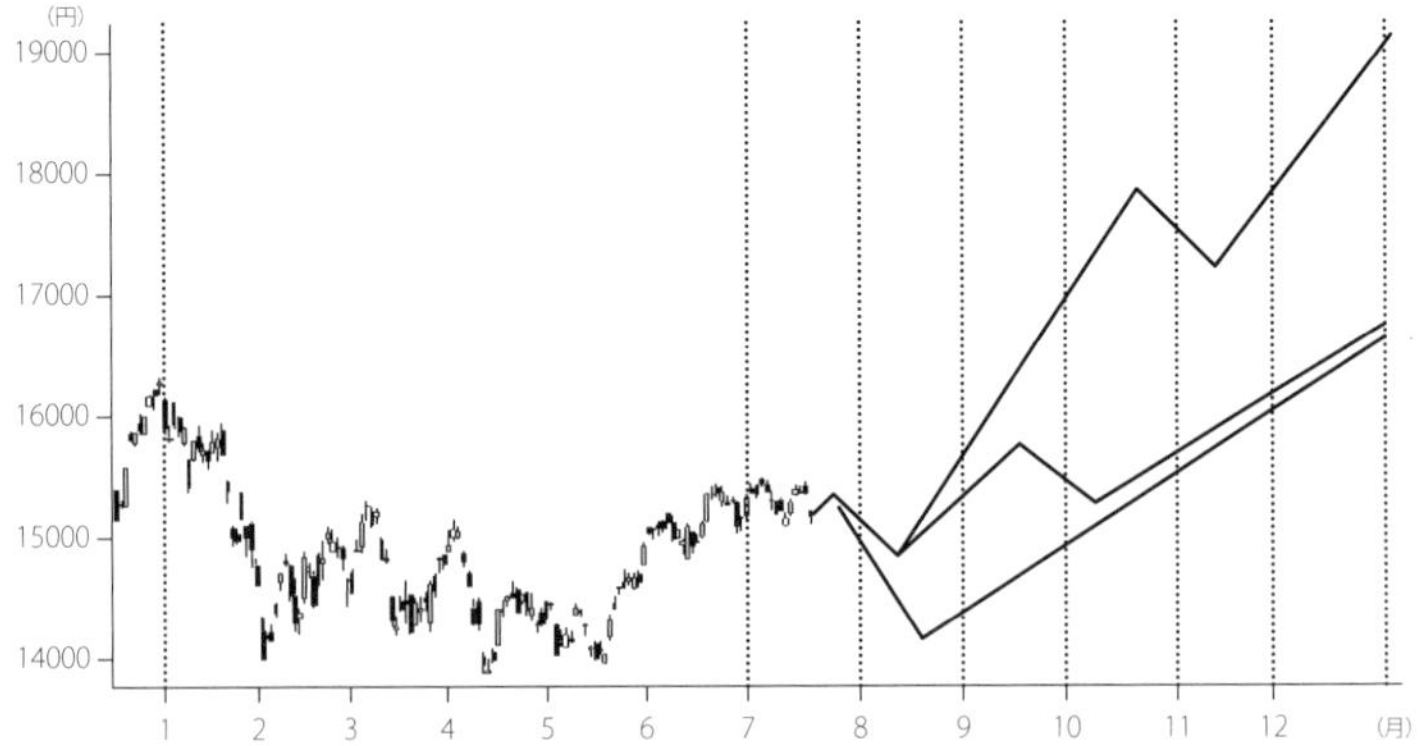

昇過程で、１５４９０円前後、１６３２０円前後の上値余地を確認する日柄が必要になるので、年末までの上げ余地が１７０００円前後になると考えられます。

**※年末までに１６３２０円を突破して、大幅高になる可能性が出てきました。９、10月に調整が入ると考えられますが、その調整がいつ頃、どの程度の値幅になるかが（目安がありますが）はっきりとわからない状況です。**

## ●２０１４年９月４日時点の長期シナリオ（図表３）

日経平均株価は、４月11日以降が、本年の上値目標値である１７５００円前後、または１９０００円前後の水準を目指す流れへ入っていると考えられます。

これまでの上昇の仕方と、円・ドル相場の流れを考慮すると、現時点では、本年が12月までに１９０００円前後を目指す展開になると推測しています。

今後、上昇の流れを継続すると考えられますが、目標値を達成する前に、いったん７月31日から８月８日

図表3 ● 2014年9月4日時点の長期シナリオ

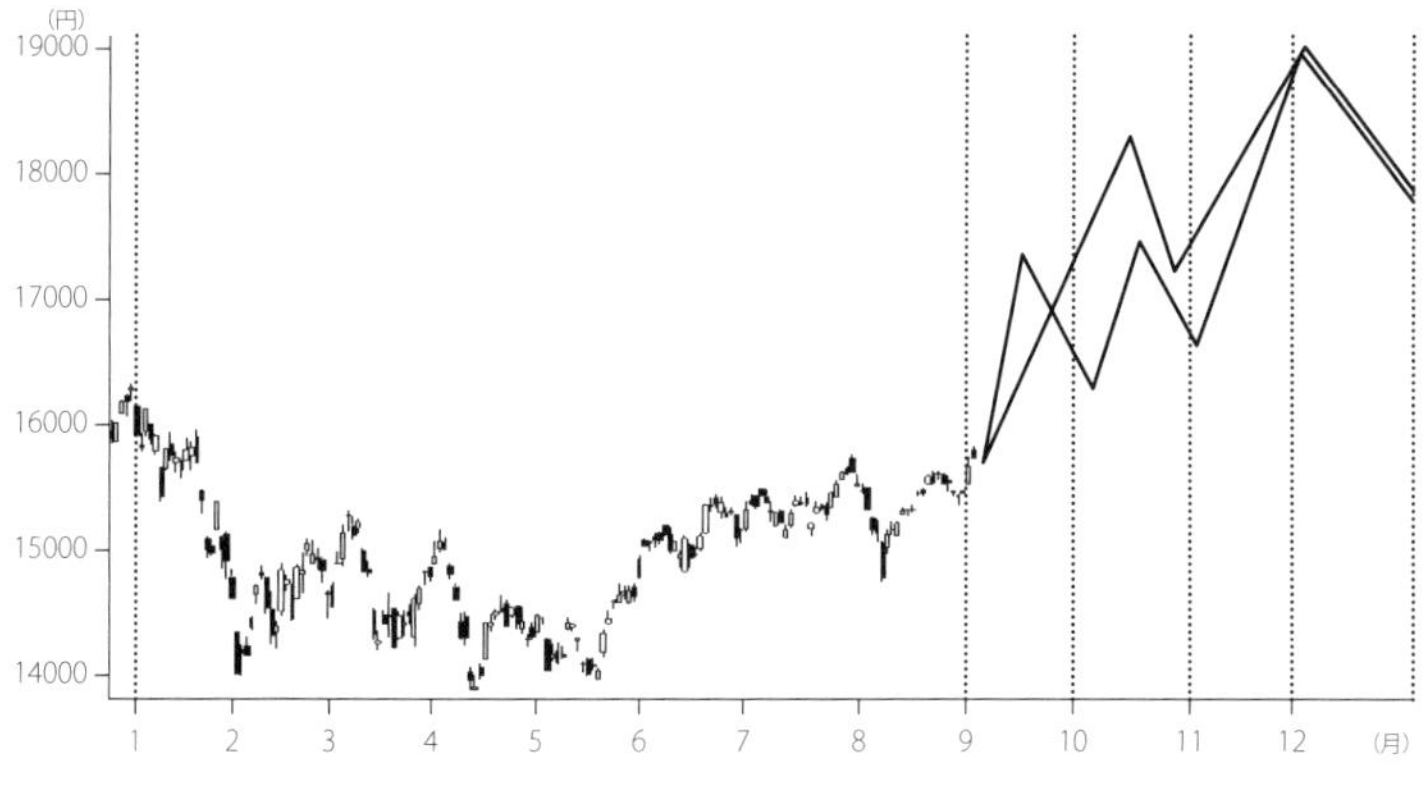

までの同程度の値幅（1006円幅）の調整が入ると考えられます。

現時点ではっきりしていない点は、この調整がいつ頃あらわれるかです。調整があらわれるまでに、価格は17000円以上へ上げているはずなので、調整があらわれる時期の目安がはっきりすれば、目標値達成までの展開が明確になります。

考えられる時期は、9月18日頃から（FOMC後から）、または10月頃が考えられます。

9月中旬以降に1006円幅の調整が入るなら、それまでに17000円以上へ上げる展開になる必要があるので、17日までの上げがかなり急な動きになると考えられます。

そのような展開にならなければ、10月まで、日柄をかけて17000円以上を目指す展開（それまでは目立った調整が入らない上げを継続）になると考えられます。

## 短期シナリオのつくり方の具体例

2014年9月から10月にかけて、想定していた振れ幅の大きな調整場面へ入っています。ただ、その下げ幅が想定よりも大きくなっています。

しかし、このような場面でも、年末へ向けて上昇するというシナリオを崩していません。それは、9月に最高値を更新して、本年が年末へ向けて上昇する可能性をすでに示しているからです。

10月の下げは、値幅が大きくなりましたが、押し目買いのポイントであり、押し目をつけるという

**見方をしています。**

**以下では、押し目をつけるまでの日々の予想**（**短期シナリオ**）**を掲載します。図表４の10月の値動きと合わせて確認して下さい。**

## 2014年10月1日時点の短期シナリオ

日経平均株価は、昨日の下げで9月25日の高値16374円が強い短期的な強い抵抗になる可能性を示しました。

これにより、現在は、7月31日～8月8日までの下げ幅（1006円幅）と同程度の調整局面へ入っているという見方が有力になったといえます。

今回は、前回のように一気に1000円幅の下げを経過して、すぐに上昇を開始するという展開にならず、ジグザグに日柄をかけて下げる動きになる可能性があります。

本日の価格が下げると、短期的な弱気を確認します。本日の価格が下げる場合、下げ余地が十分にある状況のなかで、戻り高値をつけた初期段階で、弱気を示し

図表4 2014年10月の日経平均日足の推移

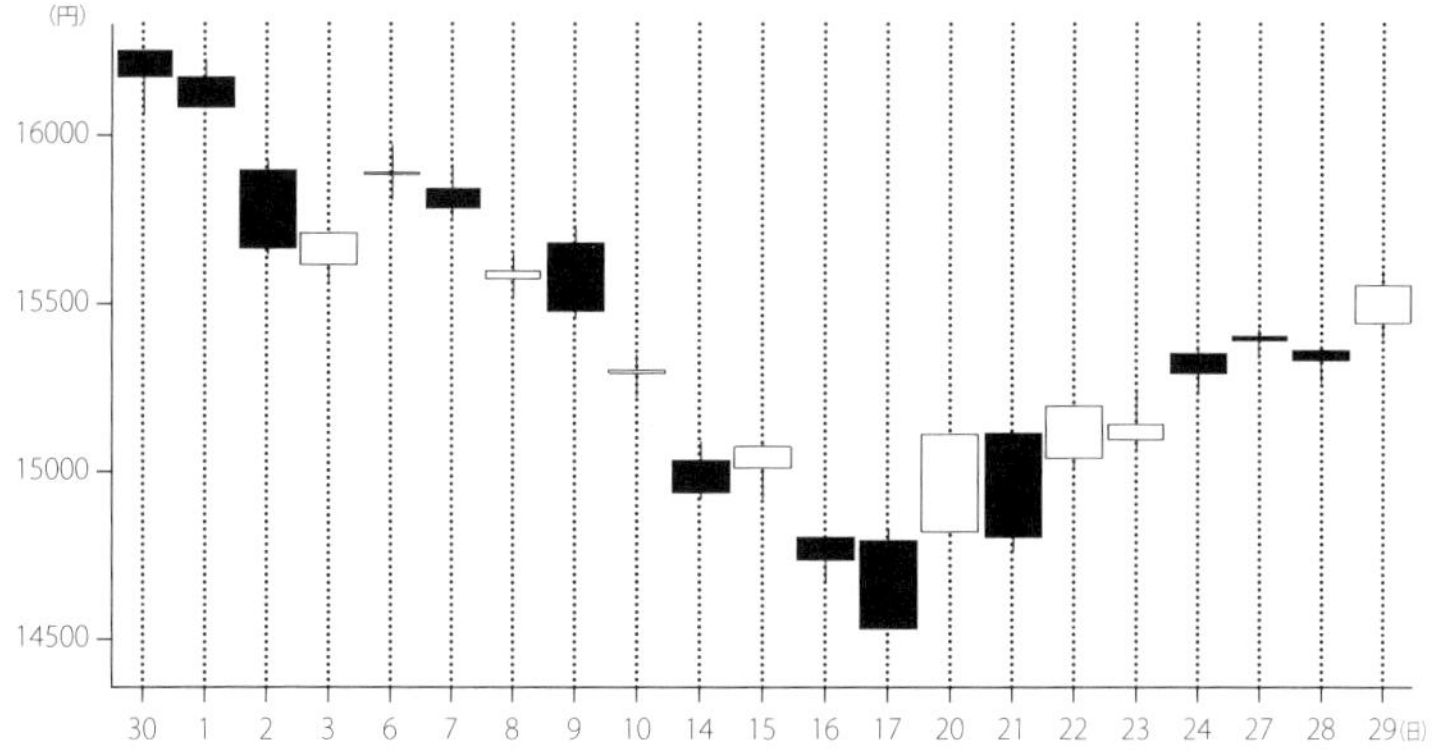

た後の下げになるので、下げ幅が大きくなる可能性があります。

## 2014年10月2日時点の短期シナリオ

日経平均株価は、昨日の下げで弱気の流れを示したことから、9月25日以降、値幅の伴った調整場面へ入っている可能性が大きくなったといえます。

今後は、7月31日〜8月8日までの下げ幅（1006円幅）と同程度の下げとなる15366円を目指す公算です。

この下げは、7月31日以降の動きのように、一気に下値の目安まで下げる動きにはならず、1ヵ月、またはそれ以上の日柄をかけて、ジグザグに下降する可能性があります。

したがって、本日の価格が一段安となるなら、明日は反発場面になると考えられます。

## 2014年10月3日時点の短期シナリオ

日経平均株価の目先の下値の目安は、7月31日〜8月8日までの下げ幅（1006円幅）と同程度の下げとなる15368円が挙げられます。

7月31日からの下げは一気に下げる動きでしたが、9月25日以降の下げは高値圏で上値、下値を切り下げるジグザグを経過しています。

そのため、今回は一気に目標値へ到達する展開にならず、ジグザグに日柄をかけて下げるか、押し目になる水準付近で下値堅さを確認するもみ合いの動きを経過すると考えられます。

本日以降、目標値へ到達したとしても、すんなりと上げる動きにならない公算です。

### 2014年10月6日時点の短期シナリオ

日経平均株価は、前週末のNYダウ上昇、円安から、本日の価格が寄り付き値で上放れる公算です。ただ、この上げはジグザグに下値を切り下げる過程での一時的な動きだと推測できるため、10月2日の始値15895円前後が上値の限界になると考えられます。寄り付き値で15895円前後に位置するなら、本日は寄り付き値付近の高値が最高値になって、上値を抑えられる公算です。

本日の価格が15895円程度まで上げるなら、3日の安値15559円まで値幅があるので、しばし15559円から本日の高値でのレンジ内の動きを経過すると考えられます（下降途中の保ち合いの動きです）。

### 2014年10月7日時点の短期シナリオ

日経平均株価は、昨日、一時的な反発の上値の目安へ到達したことから、本日以降、再び下値を試す動きになると考えられます。

昨日の反発幅が大きくなった経緯から、目先はすんなりと3日に安値15559円を割れる展開とならず、いったん15559〜15970円程度のレンジでの保ち合いを経過し、その後、一段安となる公算です。

現在の短期的な下げの下値の目安は、7月31日以降の下げ幅と同程度の値幅になる15368円が挙げられます。

現在の下げは、大勢の強気の流れの変化を示す動きではないため、15000〜15368円の範囲で下値を支えられ、押し目を確認した後、再度上昇を開始し、戻り高値の突破を目指す公算です。

## 2014年10月8日時点の短期シナリオ

日経平均株価は、7月31日以降の下げ幅と同程度の値幅になる15368円を目指す動きへ入っています。

目先的には3日の安値15559円前後で下値を支えられて、15559〜15850円程度の水準で保ち合いになる可能性があります。

本日は下値を試す動きになる公算ですが、寄り付きで一気に15559円に接近する程度まで下げるなら、その後、堅調に推移する可能性があります。

## 2014年10月9日時点の短期シナリオ

日経平均株価は、昨日の価格が3日の安値15559円を一時的にせよ割れたことで、現在の上値の重さを示しました。

昨日書いたとおり、目先はいったん反発する可能性がありますが、そうなっても、6日の高値15970円を超える展開にならず、昨日開けたギャップを埋める程度で止まるという見方が有力になったと言えます。

しばし、ジグザグに上値、下値を切り下げる動きになる可能性があります。

## 2014年10月10日時点の短期シナリオ

日経平均株価は、昨日の価格が下値を切り下げたことで、保ち合いを挟まず、下降の流れを継続して下値の目安となっている場所まで下げる流れへ入っていることを示しました。

目先は下降を継続する公算です。

### 2014年10月14日時点の短期シナリオ

日経平均株価は、15000〜15368円程度が現在の下げの下値の目安になります。

すでに押し目をつける可能性のある値位置へ到達しているため、目先は一段安を経過した後、下値堅さを確認する作業へ入る可能性があります。

ただ、下げ幅と下げ期間が長くなったため、押し目をつけた後、すんなりと上昇する展開にはならない公算です。

下値堅い動きがあらわれた後は、11月下旬頃まで、15000〜15500円程度の範囲で推移すると考えられます。

### 2014年10月15日時点の短期シナリオ

日経平均株価は、下値の目安へ到達したため、本日以降、いったん反発する可能性があります。

この反発は、10月6日の反発と同程度の動きに過ぎず、1〜3営業日程度の反発調を経過した後、すぐに上値を抑えられる公算です。

大勢は強気という見方を変更していません。ただし、次の16374円を超える上昇は、消費税を10%へ引き上げないことが前提となっています。

### 2014年10月16日時点の短期シナリオ

日経平均株価の現在の下げは、大勢の下降局面の中の下げの動きではなく、9月末の時点で16000円以上を積極的に狙う状況ではないことがはっきりしたため、積極的に押し目を拾われる場所を探しているに過ぎません。

10月中に押し目をつける動きになると考えられます。

9月25日以降、値幅の大きな動きになってしまいましたが、この下げは、下げ幅が大きくなっても、今後の見方を変更するような動きではありません（下げ幅が拡大する動きも想定内です）。

本日は一段安となる公算ですが、本日の一段安が押し目底のパターンをつくるきっかけになる可能性があります（本日の安値が押し目底になるというわけではありません。しばしジグザグしてから下値堅さを確認する公算です）。

### 2014年10月17日時点の短期シナリオ

日経平均株価の昨日の値位置は、12月に上昇して、16000円以上の値位置をつける場合の下値の限界です。

筆者の想定している強気シナリオが正しければ、目先は反発して、下値堅さを示す動き（右肩下がりの底入れ型のパターン）へ入ると考えられます。

### 2014年10月20日時点の短期シナリオ

日経平均株価は、週明け後の価格が反発する公算です。

この反発は、10月6日の反発と同程度の上げとなって、9月25日以降の全体が5つの波のパターンになる可能性があります。

この上げの上値の目安は１４９４０円前後が考えられます。

この反発は、20日だけの動きで終わり、21日以降、再度下値を試す動きになる可能性があります。

次の下げは、右肩下がりの押し目底をつくる動きになって、10月17日の安値１４５２９円を一時的に割れた後、９月25日以降の下げの終点をつける展開になると考えられます。

## 2014年10月21日時点の短期シナリオ

昨日の日経平均株価は、上放れてアイランド・ボトムの格好をつくり、上げ幅が10月６日の反発幅よりも大きくなっています。

昨日の動きにより、10月17日の安値１４５２９円が押し目底になっている可能性が出てきました。ただ、これまでの下げ幅の大きさを考慮すると、今後の価格が上昇する場合でも、はっきりとした下値堅さを確認する必要があります。

大陽線は、１営業日で目先の上値の目安まで一気に上げる動きです。

本日以降、上値を抑えられて、下値堅さを確認する作業へ入る公算です。

今後は、20日に動いた範囲内で１～２週間程度の期間で上昇途中の保ち合い場面へ入るか、ジグザグに上値、下値を切り下げて、日柄をかけて17日の安値１４５２９円へ接近する動きを経過した後、上昇を開始するかのどちらかが考えられます。

## 2014年10月22日時点の短期シナリオ

日経平均株価は、下値堅さを確認する作業の途中です。

目先は、10月20日に動いた範囲内での保ち合いを経過するか、右肩下がりの押し目底のパターンを形成し、上昇を開始すると考えられます。

上昇開始にはもう少し日柄が必要です。

※22日の上げで、14529円が押し目底になることを確認しました。22日に価格が上昇した地点が買いのポイントになります。損切りの目安は17日の安値14529円を割れた地点となります。

## 2014年10月23日時点の短期シナリオ

日経平均株価は、昨日の価格が21日の高値を超えたことで、10月17日の安値14529円が押し目底になっていることを示唆しました。

ただ、現状は、下げ難い場所を示しただけで、価格が反発調を継続したとしても、16374円へ届かずにいったん大きく上値を抑えられることがはっきりしています。

そのような状況では、一気に16000円以上を目指す展開にはなり難いといえます。

今後の価格は、ジグザグに推移して、16374円を超えるための準備期間に入ると考えられます。

目先は21日の安値14761円へ届かない程度まで下げると考えられます。

## 2014年10月24日時点の短期シナリオ

日経平均株価は、NYダウの上昇、円安などから、昨日の上値を抑えられる動きも下値を試すきっかけにならず、本日の価格が上昇し、昨日の高値15232円を超える動きになりそうです。ただ、一気に16374円を超える展開になり難いという状況が変わったわけではありません。しばしもちあいの動きに入ると見ていましたが、いったん価格が上昇してから、上げ分を修正する動きになっただけです。上昇を開始する前のスタート地点は変わりません。

今後は、16000円の手前まで上げた後、再度15200円以下へ値を戻す動きになると考えられます。

伊藤智洋（いとう としひろ）
証券会社、商品先物調査会社のテクニカルアナリストを経て、1996年に投資情報サービスを設立。株や商品先物への投資活動に関して、テクニカル分析の有効性についての記事を執筆。株価、商品、為替の市況をネット上で配信中。『テクニカル指標の読み方・使い方』『株価チャート／テクニカル分析で儲ける!』（以上、日本実業出版社）、『株価チャートの実践心理学』（東洋経済新報社）、『チャートの救急箱』（投資レーダー）、『投資家のための予想&売買の仕方マニュアル』（同友館）などの著書がある。

株《かぶ》は1年《ねん》に2回《かい》だけ売買《ばいばい》する人《ひと》がいちばん儲《もう》かる

2015年2月1日 初版発行
2015年3月20日 第6刷発行

著　者　伊藤智洋

発行者　吉田啓二

発行所　株式会社日本実業出版社　東京都文京区本郷3−2−12 〒113-0033
大阪市北区西天満6−8−1 〒530-0047
編集部 ☎03-3814-5651
営業部 ☎03-3814-5161　振替 00170−1−25349
http://www.njg.co.jp/

印刷／理想社　製本／若林製本

この本の内容についてのお問合せは、書面かFAX（03−3818−2723）にてお願い致します。
落丁・乱丁本は、送料小社負担にて、お取り替え致します。

ISBN 978-4-534-05247-6 Printed in JAPAN